KB267826

무역실무

쉽게 알자! 무역실무

ⓒ 2003, 남준희

초판 1쇄 발행 2003년 11월 30일
개정 3판 1쇄 발행 2011년 11월 30일

지은이 남준희 | **펴낸이** 신경렬 | **펴낸곳** (주)더난콘텐츠그룹

상무 강용구 | **기획편집부** 차재호 · 민기범 · 임영묵 · 성효영 · 윤현주 | **디자인** 서은영
마케팅 김대두 · 견진수 · 홍영기 · 서영호 | **교육기획** 함승현 · 양인종 · 이선미 | **디지털콘텐츠** 최정원 · 조경수
관리 김태희 · 양은지 | **제작** 유수경 | **물류** 김양천 · 박진철

출판등록 2011년 6월 2일 제25100-2011-158호 | **주소** 121-840 서울시 마포구 서교동 395-137
전화 (02)325-2525 | **팩스** (02)325-9007
이메일 book@thenanbiz.com | **홈페이지** http://www.thenanbiz.com
ISBN 978-89-8405-212-3 14320
　　　 978-89-8405-199-7 (세트)

무역실무

남준희 지음

더난출판

무역대국의 길은 탄탄한 실력을 갖춘 인프라를 확보하는 것에서부터 시작된다!

IMF 사태가 터진 지 10여 년이 지났다. 그 동안 나라살림은 최악의 상태에서 회복세를 지나 다시 극심한 불경기에 접어들었다. 몇몇 대기업을 제외한 많은 중소기업들은 차라리 IMF 시절이 그리울 만큼 요즘의 상황이 어렵다고 한다. 사정은 무역업체들도 마찬가지이며, 직원이 몇 명 안 되는 영세한 무역업체들 중에는 문을 닫는 회사도 많다.

지난 몇 년 동안 무역환경에는 많은 변화가 있었다. 인터넷의 발달에 힘입어 거래처를 발굴하기가 쉬워졌고, 품목을 개발하기도 편리해졌다. 마음만 먹으면 누구나 무역회사를 창업할 수 있게 되었다. 그러나 무역 창업이 쉬워진 만큼 돈 벌기는 더욱 어려워졌고, 무역업체 간의 경쟁도 치열해졌다.

1990년도 초반까지만 해도 해외여행이 자유롭지 못하고 외국과의 교신도 쉽지 않아서, 착실한 바이어나 외국의 수출업자를 알면 무역을 통해 돈을 벌 수 있었다. 외국의 제조업체와 국내 판매업체 사이에서 단순히 중개자 역할만 해도 무역업자로서 한몫 할 수 있었다. 그러나 요즘은 10년 전에는 몇 달을 투자해야 찾을 수 있었던 정보를 인터넷에서 몇 글자만 입력하면 쉽게 찾을 수 있다. 무역업에서 단순한 중개자 역할의 시대는 가버린 것이다.

각종 정보로 넘쳐나는 이 시대는 쉽게 거래처를 발굴할 수 있는 만큼 중간상을 통하지 않고 직접 거래를 하려는 경향이 강해졌고, 웬만한 제조업체는 자체 무역부가 있거나 해외지사를 운영하고 있다. 거의 모든 회사가 홈페이지를 통해 회사와 제품에 관한 정보를 완전히 공개하고 있다. 경쟁력 있는 제품을 가진 제조업체들은 직접 해외마케팅에 나서기도 한다. 이러한 분위기에 밀려 한때 승승장구하던 대기업 종합상사들이 우리나라 수출에서 차지하는 비중이 점점 낮아지고 있다.

제조업에 종사하지 않는 순수한 무역업체도 힘들기는 마찬가지이다. 그렇다면 새로운 시대에 적응을 미처 못한 무역업자들은 도태되고 마는 것일까. 아니다. 치열한 경쟁 속에서도 돌파구는 있게 마련이다. 그 해답은 전문성에서 찾을 수 있다. 남과 다른 나만의 기술과 업무체계, 서비스 정신. 무역업에서 이것이 없으면 금방 밑천이 드러나서 고객으로부터 외면당하게 된다. 실력을 갖추어야만 살아남을 수 있는 것이다. 철저하게 준비하여 실력을 갖추고 기본에 충실한다면 돈 벌 기회는 여전히 많다.

21세기의 무역전쟁에서 살아남으려면 기본 원칙에 충실하면서 자신의 분야에서 전문가가 되어야 한다. 거래방식·물품·지역은 매우 다양하지만 거래의 기본 원칙은 같다. 거래의 기본 원칙을 잘 파악하여 활용하면 극심한 변화와 경쟁에서도 살아남을 수 있다.

전 세계는 하나의 시장으로 통합되면서 다양성이 커진 만큼 통일성도 강조되고 있다. 이에 따라 무역 전반에 대한 체계적인 지식이 더욱 필요한 상황이다.

이 책은 무역에 관한 많은 사례를 보여주기보다는, 무역 전반의 체계와 핵심 지식을 중점적으로 설명하고 특징적인 사례를 소개했다. 전체적인 개념과 이치를 파악하면 구체적이며 다양한 사실을 때와 장소에 맞게 적절하게 적응시킬 수 있을 것이다. 또한 최근 몇 년 동안의 무역 환경과 제도의 변화를 반영하여 인터넷 시대의 무역 성공전략을 제시했다. 인터넷을 얼마나 잘 활용하느냐가 무역의 성공을 좌우한다고 해도 과언이 아니다.

무역은 결국 장사해서 돈 버는 행위이다. 이러한 단순한 믿음으로 고기를 어떻게 잡는가와 어떻게 하면 잡은 고기를 놓치지 않는지, 그동안의 시행착오를 통해 얻은 노하우를 전수하고자 한다. 후배 무역인들은 최소한 필자보다 효율적이고 현명한 장사를 했으면 하는 바람에서 이 책을 준비했다. 부족한 점에 대해서는 독자 여러분의 아낌없는 질책을 기다린다.

남준희

Contents

넷째마당

무역거래조건을 모르면 장사가 안 된다

다섯째마당

수출비용을 분석하여 견적을 산출하라

Contents

아홉째 마당

수출입서류 작성에 신중을 기하라

열째 마당

무역분쟁은 원만하게 해결하라

첫째 마당 - 무역의 기본은 장사이다

무역은 국경과 국경을 넘나드는 거래로 단순히 가게에서 물건을 사고파는 것과는 다른 차원의 일이다. 여기서는 실무자에게 필요한 무역의 기초지식과, 무역업자의 힘을 덜어주는 무역 관련 기관에 대해 알아본다.

둘째 마당 - 수출입절차와 통관절차를 파악하라

모든 일에 순서와 절차가 있듯이, 무역도 단계별 수출입절차에 따라 진행하는 것이 무엇보다도 중요하다. 여기서는 외국에 물품을 수출하는 절차와 외국에서 물품을 수입하는 절차, 물품이 국경을 넘어 이동할 때마다 거치는 통관절차에 대해 알아본다.

셋째 마당 - 무역거래를 시작하라

무역인은 여러 가지 품목을 검토하여 팔릴 가능성이 있는 물품을 선택한다. 선택한 물품은 팔려는 사람의 의지와 소비자의 수요가 일치할 때 그 빛을 발한다. 여기서는 거래 품목과 시장을 정하고 거래처를 발굴하여 무역계약을 체결하기까지의 일련의 절차에 대한 기본적인 사항을 살펴본다.

넷째 마당 – 무역거래조건을 모르면 장사가 안 된다

무역계약을 체결할 때에는 무역거래조건을 정리한 인코텀즈를 참고해야 한다. 무역비용을 분석하여 견적을 내고, 물품대금을 어떻게 받을지 정하며, 무역 과정에서 생기는 위험에 대비하는 것은 매우 중요하다. 여기서는 무역거래 당사자가 반드시 지켜야 하는 무역거래조건에 대해 알아본다.

다섯째 마당 – 수출비용을 분석하여 견적을 산출하라

생산의 핵심 노하우가 기술이라면, 장사꾼의 핵심 노하우는 각종 비용을 분석하고 정확한 견적을 산출하여 자신의 이윤을 제대로 챙기는 것이 아닐까. 여기서는 무역거래조건별로 각종 비용을 분석하여 수출견적을 산출해본다.

여섯째 마당 – 무역대금결제는 거래의 핵심이다

무역은 물품과 돈을 교환하는 행위로, 최종적으로 내 주머니에 돈이 들어와야 거래가 종결된다. 따라서 무역대금결제는 무역거래의 핵심이라 할 수 있다. 여기서는 송금결제방식, 추심결제방식, 신용장결제방식 등 무역대금을 결제하는 방법에 대해 살펴본다.

일곱째 마당 – 최적의 무역운송수단을 선택하라

다량의 화물을 나라와 나라 사이에 수송하는 무역운송은 납기에 직접적인 영향을 미치고, 운송비용은 수출입비용에서 큰 비중을 차지한다. 여기서는 교통수단의 발달과 더불어 급속하게 변화하고 있는 무역운송에 대해 살펴본다.

여덟째 마당 – 무역보험은 든든한 방패이다

계약에 따라 별 탈 없이 물품을 선적했다고 해서 거래
가 끝나는 것은 아니다. 선박이 고장 나거나 도중에 암
초를 만나 침몰한 경우, 부두에 사정이 생기는 경우에
는 물품이 제때 도착하지 못할 수 있다. 여기서는 만약
의 사태에 대비해 가입하는 수출보험과 적하보험 등
무역보험에 대해 알아본다.

아홉째 마당 – 수출입서류 작성에 신중을 기하라

수출입서류는 신중하게 작성해야 한다. 특히 신용장거
래에서는 사소한 실수로 인해 작게는 수백만 원에서
수천억 원을 한순간에 날려버리게 된다. 여기서는 화
물의 유가증권인 선하증권부터 상업송장, 포장명세서
등 무역거래에 사용되는 수출입서류에 대해 알아본다.

열째 마당 – 무역분쟁은 원만하게 해결하라

모든 거래가 원만하게 끝나면 좋지만 그렇지 않고 다
툼이 발생할 경우에는 다툼을 어떻게 해결할 것인가에
대해 사전에 합의해야 한다. 여기서는 전 세계가 단일
시장이 되고 국가 간의 거래가 활발해지면서 증가하고
있는 무역분쟁과 바람직한 무역분쟁 해결법에 대해 알
아본다.

이 책을 제대로 보려면?

반갑습니다!

이번 마당에서는 어떤 내용을 배울까? 이 마당의 학습 목표와 자신의 실무와의 연계성을 찾을 수 있도록 한 부분입니다. 반드시 짚고 넘어가야 할 사항이죠. 그래야만 의미를 가지고 앞으로 나아갈 수 있을 테니까요.

아하, 그렇군요!

본문 내용이 이해가 되지 않는다면 이 부분을 참고하세요. 아마 여러분이 겪는 어려움은 대부분 용어에 대한 명확한 인식의 부족 때문일 겁니다. 이 분야를 전혀 모르시는 분들은 이 부분을 먼저 읽고 본문을 읽는다면 보다 쉽게 이해하실 수 있을 겁니다.

꼭 기억해두세요!

각 항목에서 반드시 알아야 할 사항을 요약해서 정리해놓은 부분입니다. 핵심사항만을 추려놓은 부분이므로 반드시 읽고 넘어가도록 하세요. 시간이 없어서 이 책을 다 읽기 힘든 분들은 이것만이라도 읽으세요. 이 책의 핵심과 닿을 수 있을 겁니다.

CEO의 무역일기

저자가 그 동안의 경험과 노하우를 허심탄회하게 이야기하는 부분입니다. 머릿속에서 나온 지적 허영이나 감정의 사치가 아닌 현업에서 깨지고 부딪히고 배운 노하우라 더욱 가슴에 와닿으리라 생각됩니다. 커피 한 잔을 마시며 머리를 재충전해보세요.

무역의 기본은 장사이다

The Foreign Trade

무역에는 장사 수완이 필요하다
무역의 본질을 파악하라
무역에는 어떤 것이 있는가
무역 관련 기관을 최대한 활용하라

무역의 사전적인 의미는, '지방과 지방 사이에 서로 물건을 팔고 사거나 교환하다.', '나라와 나라 사이에 서로 물품을 수출입하여 팔고 사다.' 이다. 무역은 말 그대로 국경과 국경을 넘나드는 거래이므로 단순히 가게에서 물건을 사고파는 것과는 다른 차원의 일이다. 국경을 경계로 서로 판이하게 다른 법령들, 그에 따른 수많은 약속과 관련된 서류들. 하지만 까다로운 절차에도 불구하고 무역업자들은 지금도 쉴 새 없이 거래를 성사시키며 우리 경제와 일상생활을 움직이고 있다.

이번 마당에서는 무역이란 무엇이고, 무역의 종류에는 어떤 것이 있으며, 무역거래를 잘하기 위해 갖추어야 할 조건은 무엇인가 등 무역의 기본에 대해 알아보자. 또 무역업자의 힘을 덜어주는 무역 관련 기관에 대해서도 살펴보자.

무역에는 장사 수완이 필요하다

■ ■ ■ 세상에 공짜는 없다

거래는 덜 주고 더 받는 행위, 곧 주고받는 비율을 자신에게 유리하게 조정하여 교환하는 행위이다. 사람들은 돈을 벌기 위해 거래를 하며, 서로 밀고 당기다가 일정한 비율에 합의한다. 이를 통해 시장가격이 형성된다. 시장가격은 항상 일정한 수준을 유지한다. 거래 당사자가 자선사업을 하지 않는 이상 시장가격이 턱없이 낮은 경우는 드물다. 학창시절 배운 수요·공급 곡선을 생각하면 쉽게 이해할 수 있다. 공급이 수요보다 적으면 가격이 올라가고, 공급이 수요보다 많으면 가격이 내려가고……

세상에 공짜는 없다. 모든 것에는 대가가 있다. 많은 사람들은 이것을 당연하다고 여기면서도 정작 자신의 경우에는 주지는 않고 받으려고만 한다. 논리적으로 생각할 때 이것이 불가능하다는 사실을 누구나 알고 있지만 실제 행동에서는 그렇지 못한 것이다. 이러한 불일치는 일상생활에서는 그다지 큰 문제가 되지 않을지도 모르겠지만 무역에서는 매우 위험한 태도이다. 원하는 것을 얻지 못할 뿐만 아니라 사기를 당해 큰 손실을 볼 수도 있기 때문이다.

■■■ 위험이 크면 이익도 크다

무역을 잘해서 돈을 벌고 싶다면 그에 응당한 대가를 치러야 한다. 가치와 가격은 정비례하는 것이 시장 이치이다. 위험이 크면 얻을 수 있는 이익도 큰 법이다. 큰 판에 끼려면 판돈이 두둑하거나 기술이 뛰어나거나, 최소한 남다른 배짱이라도 있어야 한다. 이도 저도 없으면 판에 낄 수 없고 끼어서도 안 된다. 그 판에서 멀리 떨어져 있는 것이 안전하다. 닥치는 대로 다른 일을 해서 돈을 모으는 것이 훨씬 낫다. 시장 원리는 냉엄하다.

시작부터 이렇게 강조해서 말하는 이유는 공짜를 바라면서 무역을 시작하려는 사람을 자주 접하기 때문이다. 간혹 "돈 되는 품목을 찍어달라.", "어떻게 하면 무역을 잘해서 돈을 벌 수 있냐?", "좋은 바이어를 찾는 비결이 뭐냐?"라고 묻는 사람들이 있다. 그런 질문을 받을 때면 가슴이 답답해지고 때로는 화가 나기도 한

쉽게 알자! 무역실무

다. 특별한 답이 없기 때문이다. 성공한 사람들의 이야기를 들어 보면 한결같이 "죽어라고 고생하면서 줄기차게 노력했다."라는 교과서적인 내용이 대부분이다. 왜? 그것이 바로 진리이기 때문이다.

결론적으로 말하면, 무역을 잘해서 돈을 벌고 싶다면 고객이 원하는 것을 남보다 유리한 조건으로 제공해야 한다. 그리고 일이 잘 풀리지 않을 때에는 자신을 돌아본 후 인내심을 가지고 계속해서 노력하라고 스스로에게 타일러라.

■ ■ ■ 변화를 즐겨라

'모르면 물어봐라.' 이 말은 무역의 제1원칙이다. 물론 반은 농담이고, 반은 진담이다. 다른 나라와의 거래에서 '당연히 그럴 것'이라고 지레짐작하고 행동하다가는 의외의 상황에 맞닥뜨리게 된다. 무역에서는 늘 확인해야 한다. '이 정도면 되겠지.' 하고 방심하면 반드시 허를 찔리게 되어 있다.

무역은 전 세계라는 넓은 공간에서 다양한 교섭과 계약 · 선적 · 결제 · 인도라는 여러 절차를 거쳐, 장기간 동안 이루어지므로 끊임없이 변화한다. 어제 알았던 사실이 오늘 바뀔 수 있다. 변화를 싫어하고 안정적인 삶을 중요시하는 사람에게 무역은 어울리지 않는 사업이다. 큰 손실을 입은 무역 사례의 대부분은 현실을 정확하게 파악하지 않고 대충대충 생각한 후 성급한 결정을 내린 경우이다.

무역인에게 있어 최고의 전략은 확인이다. 상황은 늘 변화하므로 확인하고 또 확인하는 것이 돈 버는 데 실질적인 도움이 된다. 또한 늘 배워야 한다. 신문을 보더라도 외신면과 경제면을 먼저 보고, 거래하는 국가의 언어 · 문화 · 역사 등도 알아두어야 한다. 업무에 도움이 될 뿐만 아니라 일하는 데 재미도 가져다준다.

▫▪▪ 본질을 이해하라

무역을 잘하려면 나라마다 언어와 문화, 상관습이 다르다는 사실을 인정한 후, 어떻게 다르고 같은 점은 무엇이며, 앞으로 어떻

게 공략해야 할지에 대해 미리 파악하고 있어야 한다. 한 나라 안에서도 지역마다 사투리가 있고 음식과 풍습이 다르지 않은가. 거래하는 상대방을 알고자 할 때 특성에 대해 왜 그렇게 되었는가를 따져보면 이해하기가 훨씬 수월하다. 필요가 발명을 낳는다고 했다. 무역실무의 각 영역도 들여다보면 모두 돈 벌기 위해 시작한 장사가 오랜 기간 이루어지는 과정에서 발생한 질서와 규칙이 자리 잡은 것이다. 그 본질적인 내용과 드러난 것을 정확히 볼 때 상대방을 깊이 이해하고 폭넓게 보게 된다.

꼭 기억해두세요!

무역을 잘하려면 고객이 원하는 것을 남보다 유리한 조건으로 제공해야 한다. 나라마다 언어와 문화, 상관습이 다르다는 사실을 인정한 후, 어떻게 다르고 같은 점은 무엇이며, 앞으로 어떻게 공략해야 하는지 파악하고 있어야 한다.

무역의 본질을 파악하라

■ ■ ■ 무역이란 무엇인가

　무역international trade이란 대외무역법상 "물품, 용역, 전자적 형태의 무체물의 수출과 수입"을 말하며, 국가와 국가 간에 상품·용역·기술·노동·자본 등을 교환하거나 매매하는 거래 행위를 말한다. 초기의 무역은 국가 간에 상품을 교환하는 행위에 국한되었지만, 현재의 무역은 단순한 상품의 교환뿐만 아니라 기술·용역·자본 등 경제적 가치가 있는 모든 것을 거래 대상으로 삼고 있다. 무역 거래의 대상이 상품과 같이 그 형태를 눈으로 볼 수 있는 경우에는 유형무역visible trade이라 하고, 용역·자본·기술 등과 같이 눈으로 볼 수 없는 경우에는 무형무역invisible trade이라고 한다.

　무역은 한 국가 내에서 자체적으로 만들거나 구할 수 없는 상품이 있는 경우, 같은 상품이라도 가격이나 생산비에서 차이가 발생하는 경우, 그리고 일시적으로 수요에 비해 공급이 부족한 경우에 이루어진다. 국내에서 생산된 상품이 외국에서 생산된 상품과 비교하여 상대적으로 생산비가 저렴한 경우에 이를 전문화하여 다른 나라에 수출한다. 반대로 외국에서 생산된 상품이 국내에서 생산된 상품보다 상대적으로 가격이 저렴하고 품질이 우수한 경우에 이를 수입한다. 이러한 무역을 통해 세계 각국은 한정된 자원으로 개개인의 기호에 맞는 다양한 상품을 얻을 수 있고, 각국의 경제는 상호 의존적으로 세계경제를 형성하고 있다. 국가마다 정

도의 차이는 있지만, 오늘날 무역은 국가경제의 주된 영역을 차지
하고 있으며 무역자유화가 확산되고 있는 최근에는 더욱더 그러
하다.

▪▪▪ 무역 당사자

　무역은 이윤 획득을 목적으로 자신의 이름을 내걸고 거래하는 당
사자 본인principal과, 본인을 대리하여 거래를 중개하고 수수료
commission를 얻는 대리인agent이
있다. 대리인은 당사자를 대리하여
거래를 중개할 뿐이므로 거래비용과
위험을 부담하지 않는다.

오퍼세일과 재고판매
오퍼세일은 외국의 물품공급자로부
터 독점적 계약대리권을 부여받은
대리인이 국내의 수입업자에게 오퍼
offer를 발행한 대가로 일정한 수수
료를 받는 거래이다.
재고판매는 자신의 이름을 내걸고
책임을 부담하며 물품을 수입한 후
실수요자와 국내 거래형태로 수입물
품을 파는 거래이다.

　수입업에서 대리점agent은 해외
공급업체seller, exporter, supplier의
대리인으로 단순한 중개수수료를
목적으로 하며, 공급에 따른 비용
부담과 법적인 책임이 없다. 주로
오퍼세일offer sale을 담당한다. 이
와 달리 판매점distributor은 판매차익을 목적으로, 자신의 비용 부
담과 판단하에 물품을 수입하여 실수요자에게 판매한다. 보통 재고
판매stock sale를 하지만 경우에 따라 주문판매order sale도 한다.

▪▪▪ 무역업자

　사업자등록을 하고 무역협회로부터 무역업의 고유번호를 교부받은 사람을 '무역업자'라 한다. 신청자격에 제한이 없고 사업자등록증 사본만 있으면 누구나 발급받을 수 있으며, 별도의 수수료는 없다. 과거에는 반드시 무역협회에 가입해야 했지만 요즘에는 가입하지 않더라도 불이익이 없다. 그러나 비용에 비해 얻는 것이 많으므로 되도록이면 무역협회에 가입할 것을 권한다.

　무역업자는 수출업자와 수입업자로 구분되며 무역대리업자와 대비된다. 그러나 여기에서는 어떤 거래를 주로 하느냐가 중요하지, 표면적인 수출업자·수입업자·무역대리업자의 구분은 별 의미가 없다. 한 업체가 수출과 수입을 겸하고 자기거래를 하면서 외국의 수출업자나 수입업자의 대리인도 할 수 있다.

▪▪▪ 무역과 국내거래의 차이

　국가와 국가 간에 거래가 이루어지는 무역은 국내 거래와 비교할 때 다음과 같은 면에서 차이가 있다.

　첫째, 나라마다 언어가 다르다. 따라서 무역 당사자 간의 의사소통에 필요한 언어를 능숙하게 구사할 수 있어야 한다. 대부분의 무역은 국제 공용어인 영어로 이루어진다.

둘째, 나라마다 상관습이 다르다. 따라서 무역이 성립·이행·
종료될 때까지 상대국의 상관습을 잘 알아야 한다. 당사자국 간
의 무역관습의 차이로 인해 발생하는 오해와 분쟁을 사전에 예방
하기 위해 민간 차원과 국가 차원에서는 국제무역에 관련된 여러
가지 규칙과 협약을 제정하고 있다.

셋째, 나라마다 법제도가 다르다. 따라서 상대국의 법제도를
정확하게 파악해야 한다. 이를 위해서는 상대국의 법체계를 비롯
한 상행위에 관련된 법규를 알아둘 필요가 있다.

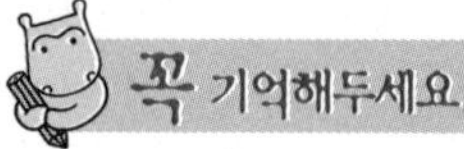

무역은 서로 다른 나라의 사람들끼리 필요한 물건을 사고파는 거래행위이다.

무역에는 어떤 것이 있는가

무역은 거래에 영향을 미치는 많은 조건과 환경에 적응하며 거래 당사자의 이익을 극대화하는 과정을 통해, 여러 가지 형태가 개발되었다.

■■■일반무역과 특수무역

수출국과 수입국 간의 물품 공급과 결제 흐름이 직접적으로 이루어지는 단순한 국가 간 매매행위를 '일반무역'이라 한다. 이에 반해 수출국과 수입국 이외에 제3국이 거래 당사자가 되거나, 물품 공급과 결제 흐름이 직접적으로 이루어지지 않는 모든 무역거래를 '특수무역' 이라 한다. 대표적으로 중계무역을 들 수 있다. 수출을 목적으로 완제품을 수입하여 가공하지 않고 원형 그대로, 혹은 자체상표를 부착하는 등의 단순작업을 거쳐 다시 수출하거나, 우리나라를 거치지 않고 바로 제3국으로 수출하는 무역을 말한다.

▪보따리무역

정식 통관절차와 결제 과정을 거치지 않은 채 여행을 목적으로 입출국하면서 물품을 대량으로 사고파는 행위를 '보따리무역' 이라 한다. 주로 의류·신변잡화·장식품·과자류 등 휴대하기 편리한 물품에 국한되며, 간이 통관절차에 의한다. 일률적으로 적용되는 절차가 없이 주로 개인의 경험에 의해 이루어진다.

보따리무역에 대한 규제는 나라마다 서로 다르며, 같은 나라에서도 세관에 따라 조금씩 차이가 난다. 우리나라 세관은 2001년 11월부터 입국 시 휴대 가능한 물품을 50kg으로 제한하고 있으며, 중국이나 러시아 세관 또한 규제를 강화하고 있다.

▪전자무역과 인터넷무역

무역의 전부 혹은 일부가 컴퓨터와 같은 정보처리 능력을 가진

쉽게 알자! 무역실무

장치와 정보통신망을 통해 이루어지는 거래를 '전자무역' 이라 한다. 일반적인 물품 이외에 전자적 형태의 무체물이 무역의 대상이 된다. '전자무역' 이란 용어는 대외무역법의 개정을 통해 법적으로 공식화되었다.

또한 인터넷을 활용하여 무역거래와 관련된 각종 정보와 전자문서를 교환하는 거래를 '인터넷무역' 이라 한다. 무역활동의 수단이 인터넷으로 한정된 만큼 부가가치통신망(value added network ; VAN)이나 무역자동화(electronic data interchange ; EDI)시스템을 사용하는 무역거래는 포함되지 않는다.

■■■OEM 수출과 ODM 수출

주문자의 지시나 만들어준 설계도에 따라 제품을 생산하여 자체상표가 아닌 주문자의 상표를 부착하여 수출하는 거래를 'OEM (original equipment manufacturing, 주문자상표부착방식) 수출' 이라 한다. 취급설명서나 포장도 주문자의 지시에 따라 처리하여 수출하는 단순 하청생산이다. 이에 반해 주문자의 요구에 따라 제조업자가 주도적으로 제품을 생산하여 수출하는 거래를 'ODM(original development manufacturing, 제조업자개발생산) 수출' 이라 한다. 공급가격에 개발비를 추가할 수 있어 OEM에 비해 부가가치가 높으며, 부품가격이 하락하면 원가 절감의 효과를 얻을 수 있

다. ODM 방식으로 수출하려면 수출업체가 바이어에게 믿음을
줄 수 있을 만큼 자체적인 제품개발 능력과 디자인 능력이 뛰어나
야 한다.

■■■■병행수입

상표를 등록한 상표권자나 상표권자로부터 상표사용권을 얻은
전용사용권자만이 수입하던 품목을, 제3자도 외국에서 적법하게

부착되어 유통되는 진정상품을 국내의 상표권자 또는 전용사용
권자의 허락 없이 수입하는 거래를 '병행수입parallel import, gray
import' 이라 한다. 만일 독일 내 BMW 대리점에서 신차를 구매

특정거래 분류에 의한 특수무역

대외무역관리규정에서 정의한 11가지 특정거래는 지식경제부장관의 인정이 필요하
지만, 정상거래로 간주되는 경우는 그러한 절차가 필요없다.

- 위탁판매수출 — 수출업자가 물품을 무환으로 수출하고 팔리는 대로 물품대금을
  결제받는 계약에 의한 수출을 말한다.
- 수탁판매수입 — 수입업자가 물품을 수출업자의 소유 물품인 상태로 무환으로 수
  입하여 판매하는 무역을 말한다.
- 위탁가공무역 — 수출업자가 수입업자에게 가공비를 주는 조건으로 외국에서 가
  공할 원자재의 전부나 일부를 수입업자에게 수출하거나 제3국에서 조달하여 공
  급하고, 수입업자는 이를 가공한 후 가공물품을 수입하거나 현지 또는 제3국에
  파는 수출입을 말한다.
- 수탁가공무역 — 수입업자가 수출업자로부터 가공비를 받기 위해 원자재의 전부
  나 일부를 수출업자의 위탁으로 외국으로부터 수입하여 이를 가공한 후 위탁자나
  그가 지정한 자에게 가공물품을 수출하는 무역을 말한다.
- 임대수출 — 임대(사용임대 포함) 계약에 따라 물품을 수출하여 일정 기간 후 다시
  수입하거나 그 기간이 끝나기 전이나 후에 해당 물품의 소유권을 이전하는 수출
  을 말한다.
- 임차수입 — 임차계약에 따라 물품을 수입하여 일정 기간 후 다시 수출하거나, 그
  기간이 끝나기 전이나 후에 해당 물품의 소유권을 이전받는 수입을 말한다.
- 연계무역 — 수출과 수입이 연계된 무역거래로 대금결제 상계가 가능하며, 물물
  교환 · 구상무역 · 대응구매 · Offset 등의 형태로 이루어지는 수출입을 말한다.
- 중계무역 — 수출할 것을 목적으로 물품을 수입하여 제3국으로 수출하는 거래를
  말한다.
- 외국인도수출 — 수출대금은 국내에서 받으나 국내에서 통관되지 아니한 수출품
  목을 외국으로 인도하는 수출을 말한다.
- 외국인수수입(제3국 도착수입) — 수입대금은 국내에서 지급되나 수입물품은 외국
  으로 인도하는 수입을 말한다.
- 무환수출입 — 외국환거래가 이루어지지 않는 물품의 수출입을 말한다.

하여 수입관세를 내고 국내에 적법하게 들여올 경우, 한국 내 BMW 독점 수입업자와 관계없이 판매할 수 있다. 이 경우 품목별로 국내 상표권자가 통관보류를 신청할 수 있으므로 사전에 병행수입이 허용되는지 확인해야 한다. 병행수입이 허용되더라도 가짜상표가 붙은 제품은 해당되지 않고, 가짜상표가 붙은 제품을 들여오면 상표법 위반 등으로 처벌받는다.

꼭 기억해두세요!

무역은 수출국과 수입국 간의 물품 공급과 결제 흐름이 직접적으로 이루어지는가의 여부에 따라 일반무역과 특수무역으로 구분된다.

주문자의 지시나 만들어준 설계도에 따라 제품을 생산하여 주문자의 상표를 부착하여 수출하는 거래를 OEM 수출이라 한다. 이에 반해 주문자의 요구에 따라 제조업자가 주도적으로 제품을 생산하여 수출하는 거래를 ODM 수출이라 한다.

무역 관련 기관을 최대한 활용하라

무역을 하는 데 도움을 주는 영리기관·비영리기관·민간기관·국가기관은 매우 많다. 이들 기관은 지렛대처럼 무역업자의 힘을 덜어줄 것이며, 잘 활용하면 많은 도움을 받을 수 있다. 무역업자가 가장 많은 도움을 받을 수 있는 기관으로는 대한무역투자진흥공사, 한국무역보험공사, 한국무역협회 등이 있다.

■ ■ ■ 대한무역투자진흥공사

대한무역투자진흥공사(Korea Trade Investment Promotion Agency ; KOTRA, www.kotra.or.kr)는 해외시장의 조사와 개척, 수출

입 거래의 알선 등을 통해 우리나라의 무역진흥을 도모하기 위해 1962년 '대한무역진흥공사' 라는 명칭으로 설립된 정부 투자기관이다. 1995년 '대한무역투자진흥공사' 로 개명한 후, 국내업체의 해외투자 지원과 선진 외국기업의 대한 투자유치 업무를 담당하고 있으며, 해외 99개 코리아 비즈니스 센터와 국내 1개 공항사무소를 운영하고 있다.

코트라는 중소기업의 해외시장 진출을 지원하기 위해 수출뿐만 아니라 다양한 형태의 무역거래 알선사업을 수행하고 있다. 또한 해외시장정보의 수집과 제공사업, 해외전시사업, 해외홍보사업, 투자진흥사업 등 입체적인 무역투자진흥사업을 전개하고 있다.

코트라는 국내 무역회사들에게 물과 공기와 같은 생존에 꼭 필요한 기본적인 서비스를 제공해준다. 신규시장조사를 할 때는 시장조사 서비스를, 출장을 갈 때에는 단독출장 지원이나 시장개척단으로 호텔 예약, 바이어 약속 주선, 무역관 상담장소제공 서비스를, 전략시장에서는 해외지사화 사업으로 안정적이고 깊이 있는 서비스를 제공한다. 수출업자의 입장에서 볼 때 관련 정부기관 중 업무에 대한 성실성이나 사명감, 인적 능력이 가장 뛰어나다고 평가할 수 있다.

쉽게 알자! 무역실무

■■■■ 한국무역협회

한국무역협회(Korea International Trade Association ; KITA, www.kita.net)는 무역회사들이 회원이 되어 운영되며 인터넷을 통해 회원사들에게 무료로 관련 자료를 제공한다. 무역 관련 데이터베이스를 국내 최고의 수준으로 가장 많이 보유한 기관으로서, 회원이 되려면 무역업 신고를 한 후 가입비와 연회비를 내야 한다.

이곳은 무역에 관련된 자료는 물론 수출입에 대한 정보가 체계적으로 잘 정리되어 있어 언제든 쉽게 조회할 수 있다. 또한 무역 관련 정보나 무역업무 중 의문나는 점에 대해서는 인터넷이나 전화 혹은 방문상담을 통해 답변해준다. 업무를 상세한 정보 없이 막연하게 추진하는 것은 손실의 지름길이므로 이러한 기관을 통해 궁금한 것들을 반드시 확인하는 것이 좋다.

■■■■ 한국무역보험공사

한국무역보험공사(Korea Export Insurance Corporation ; KEIC, www.ksure.or.kr)는 코트라와 마찬가지로 정부가 운영하는 공기업으로 수출과 해외투자를 지원한다. 국회에서 연간 보험인수한도를 승인받아야 하며 감사도 거쳐야 한다. 무역규제가 강화되어 정부의 수출지원이 점점 어려워지고 있지만 수출보험만은 예외이

해상보험marine insurance
항해에 수반되는 위험으로 인해 수출화물 및 수입화물에 멸실·파손 등을 입은 손해를 담보하는 보험이다. 예를 들면, 화물을 수송하는 도중에 선박의 침몰·화재 등으로 인해 화물이 멸실한다든지 손상을 입은 경우, 그 손실을 해상보험에서 보상하는 것이다. 이에 반해 수출보험은 화물 자체의 손실은 원칙적으로 담보하지 않는다.

다. 만약의 사태를 대비하는 보험의 성격상 선진국에서도 널리 시행되고 있으며, 우리나라도 수출이 어려워질 때마다 좋은 보험상품을 개발하고 지원책을 확대하고 있다.

수출보험제도는 수출거래에 수반되는 여러 가지 위험 가운데 해상보험과 같은 통상적인 보험이 아니다. 구제 곤란한 위험, 즉 수입업자의 계약파기나 파산, 대금지급 지연 혹은 거절 등의 신용위험credit risk이 있을 때 또는 수입국에서의 전쟁·내란·환거래 제한 등의 비상위험political risk으로 인해 수출업자와 생산자, 그리고 수출자금을 대출해준 금융기관이 불의의 손실을 입게 되었을 때 보상을 해주는 제도이다. 궁극적으로는 이러한 행위를 통해 수출 진흥을 도모하는 비영리 정책보험이다. 현재 단기성 보험 6개, 중장기성 보험 8개, 환·원자재가격 변동보험 2개, 기타 보험 3개와 수출신용보증 1개를 운영하고 있다.

수출을 좀 안다고 자부하면서도 수출보험을 모르거나 이용해본 적이 없다면 얼마나 위험하게 살아왔는지를 깊이 반성해야 한다. 수출보험에 가입하지 않았는데도 불구하고 해외 바이어에게 사기를 당한 적이 없다면, 죽지 않고 살아 있음에 대해 감사기도를 올려야 한다. 하지만 앞으로도 계속 위험을 회피할 수 있으리란 보장은 어디에도 없다. 무역을 하려면 한국무역보험공사를 통해 수출보험을 공부한 후 적극적으로 이용해야 한다.

수출업자의 입장에서 코트라로부터는 해외시장조사와 거래처 발굴, 거래 성사라는 공격적인 면에서, 한국무역보험공사로부터는 성사된 거래에 대한 확실한 결제를 받는 수비적인 면에서 도움을 받을 수 있다. 그리고 한국무역협회는 무역 관련 자료를 찾고 무역교육을 받는 등의 교육적인 면에서 꼭 필요한 기관이다. 이 세 기관을 활용하지 않고서는 제대로 된 무역이 불가능하다.

꼭 기억해두세요!

수출업자의 입장에서 대한무역투자진흥공사로부터는 해외시장조사와 거래처 발굴, 거래 성사라는 공격적인 면에서, 한국무역보험공사로부터는 성사된 거래의 결제를 위한 수비적인 면에서, 한국무역협회로부터는 무역 관련 자료를 찾고 무역교육을 받는 등의 교육적인 면에서 도움을 받을 수 있다.

창업을 꿈꾸는 사람들에게…

사업을 하면 여러가지 어려움이 생기는데, 사람들은 이것을 해결하기 위해 처음에는 자신의 재산과 노력을 동원한다. 그리고 어느 단계를 넘어서면 가족과 친구의 도움을 받는다. 이 단계에서 사업을 접으면 곧 재개할 수 있지만, 이것도 뜻대로 되지 않는다. 현실에서는 조금만 더 하면 될 것 같다는 실낱같은 희망 때문에 전력투구를 하게 된다. 마치 어깨근육이 망가져 더 이상 선수생활을 할 수 없는 지경에 이른 야구선수처럼 말이다.

이러한 이유로 필자는 전문성과 신뢰성을 충분히 갖추기 전에 창업하는 사람들을 보면 실패할 것이 불 보듯 뻔하여 말리게 된다. 대신 창업할 기회는 앞으로 언제든 있으므로 더욱더 준비에 철저하라고 말해준다. 충분히 준비하지 않고 별 생각 없이 창업하는 어리석음, 현실의 냉정함을 가볍게 보고 이상만 앞세우는 경솔함, 스스로 강하게 서지 않은 채 주변 사람들에게 의지하려 하는 나약함이 만들어내는 고통은 절대 영광의 상처가 아니다. 그것들은 자신과 가족들을 지치게 만들고 영혼마저 갉아먹게 할 수 있다.

사업하는 사람은 초조하다고 해서 혹은 그냥 한번 해보자 하는 심정으로 검을 뽑아서는 안 된다. 지나칠 만큼 충분히 준비한 후 힘차게 검을 뽑아야 한다. 탄탄한 내공의 바탕이 없는 화려한 시작은 주화입마(走火入魔)에 빠진다는 말은 무협지뿐만 아니라 무역이라는 무림세계에서도 해당된다. 창업을 하려는 사람들은 무엇보다 준비작업을 충분히 한 후 현명하고 효율적인 사업을 시작하길 바란다.

수출입절차와 통관절차를 파악하라

The Foreign Trade

무역을 하려면 수출입 요령부터 파악하라

수출절차는 어떻게 진행되는가

수입절차는 어떻게 진행되는가

통관은 국경을 통과하는 절차이다

수출통관절차는 어떻게 진행되는가

수입통관절차는 어떻게 진행되는가

　　속옷을 입은 후 셔츠를 입고, 셔츠를 입은 후 상의를 입는 것처럼 모든 일에는 순서와 절차가 있다. 무역도 마찬가지이다. 무역은 단계별 수출입절차에 따라 진행하는 것이 무엇보다도 중요하다.

이번 마당에서는 단계별 수출입절차와 통관절차에 대해 알아보자. 수출계약을 체결하고 물품을 선적한 후 수출대금을 회수하는 등의 수출절차와, 수입계약을 체결하고 수입신용장을 개설하여 수입물품을 인수하는 등의 수입절차는 국가별로 매우 유사하다. 한편 사람이 외국에 나갈 때마다 출국절차를 거치는 것처럼, 물품도 국경을 넘어 한 나라를 오갈 때마다 통관을 거쳐야 한다. 무역을 통해 합법적인 이익을 얻으려면 수출입통관을 정확히 알아야 한다.

무역을 하려면 수출입 요령부터 파악하라

수출과 수입은 나라마다 정해진 법제도의 범위 내에서 이루어진다. 대외무역법과 외국환거래법 등 기본적인 무역 관련 법규를 알고 무역을 시작한다면 이익 창출의 길이 보일 것이다.

■■■ 수출입 품목의 제한

무역을 하려면 먼저 그 품목이 무역이 가능하고, 제한규정은 없는지 꼼꼼히 살펴보아야 한다. 가령, 마약이나 총은 수입금지품목이므로 거래가 불가능하다. 술은 어떤가? 술은 수출할 수는 있지만 주류수출허가를 받아야 하고, 설사 수출허가를 받더라도 이슬

람국가처럼 수출입 금지품목으로 정해진 경우에는 수출이 불가능하다. 이처럼 나라마다 수출입자유화품목과 수출입금지품목을 정해놓고 별도로 관리하고 있으며, 부과되는 관세도 다르다.

■■■ 해외규격인증제도에는 어떤 것이 있나

수출하고자 하는 물품이 수입국의 제품규격에 적합한 경우에만 수출할 수 있으므로 해외규격인증을 받아두는 것이 좋다. 해외규격인증제도에는 미국 보험회사들이 세운 비영리 안전검사기구가 부여하는 UL(Underwriters Laboratories, 보험업자연구소), 유럽공동체 내의 공동 표준규격인 CE(Conformity European, 유럽인증규

격), 독일의 안전규격인 VDE
(Verband Deutscher Elektrotech-
nicker, 독일전기기술자협회), 일
본공업표준인 JIS(Japanese Indu-
strial Standards, 일본공업규격),
중국의 안전규격인 CCIB(China
Commodity Inspection Bureau,
중국국가상검국), 식품위생분야

> HS 코드(The Harmonized Commo-
> dity Description and Coding
> System, 국제통일상품분류체계)
> 세계관세기구(WCO)가 정한 품목별
> 10자리의 숫자 체계이다. 해당 국제
> 협약에 가입한 국가는 HS에서 정한
> 원칙에 따라 관세·무역통계·운
> 송·보험 등과 같은 다양한 분야에
> 서 품목분류 업무를 한다.

의 HACCP(Hazard Analysis Critical Control Point, 식품위해요소중
점관리기준), 환경인증마크인 에코라벨Eco-Label 등이 있다.

처음 수출입을 하는 경우에는 우리나라 수출입 규정을 상품별 HS
코드로 분류하여 확인해야 한다. 수출 혹은 수입하고자 하는 제품
의 HS 코드를 쉽게 확인하려면 'www.kita.net'에 접속하여 품목
명으로 검색해보면 된다. 수출입을 원하는 품목의 HS 코드가 애
매할 경우에는 관세청 품목분류 사전심사제도를 이용해도 된다.

■■■ 품목별 수출입 요령

우리나라의 경우 수출에는 관세를 부과하지 않으며 수입에는
일반적으로 기본 관세 8%가 부과된다. 수출 시에는 별다른 언급
이 없으면 아무런 규제 없이 수출할 수 있지만 수입 시에는 통합공

고에 의한 규제가 따른다.

예를 들어, 차량용 의자를 수입할 경우 본격적으로 수입하기 전에 견본제품을 수입하여 안전검사를 통과해야 한다. 원가계산 시 한국 도착가격 운송비보험료포함조건(cost, insurance and freight ; CIF) 가격의 8%에 해당하는 수입관세와, CIF 가격에 수입관세를 합한 금액의 10%에 해당하는 부가가치세를 납부해야 한다. 그러므로 원가에 이 부분을 포함시켜야 한다. 또한 의자는 원산지표시 대상 품목이므로 제품규정에 합당한 원산지표시를 해야 한다. 일반적으로 원산지표시는 해외 수출업자가 해야 하며, 수입국의 규정에 맞게 원산지표시가 되어 있는지 확인한 후 규정에 어긋날 경우에는 합당하게 수정해야 한다.

품목별 수출입 요령 이외에 무역에 관련된 각종 법령을 검색하려면 관세청 홈페이지(www.customs.go.kr)에 접속하면 무료로 이용할 수 있다.

 **꼭 기억해두세요!**

무역을 하려면 해당 품목이 무역이 가능하고, 제한규정은 없는지 살펴보아야 한다. 물품이 수출하고자 하는 국가의 제품규격에 적합해야만 수출이 가능하므로 수출하고자 하는 물품에 대해 해외규격인증을 받아둔다.
우리나라는 수출에는 관세를 부과하지 않고 수입에는 기본 관세 8%를 부과한다.

수출절차는 어떻게 진행되는가

일반적으로 수출절차란 수출계약을 체결하고, 물품을 선적한 후, 수출대금을 회수하여 거래가 끝날 때까지의 일련의 흐름을 말한다. 불품이나 주문별로 약간의 차이는 있으나 수출은 대부분 이러한 절차에 따라 진행된다.

수출은 국내물품을 해외에 판매하므로 국내판매와 달리 수출통관과 해외운송을 거쳐야 한

일반적으로 무역 현장에서는 주문별로 관련된 모든 서류를 넣을 수 있는 봉투를 자체 제작하여, 겉면에 주문번호와 진행 절차별 날짜와 특이사항을 기록하여 관리한다. 주문번호별로 전산관리를 하여 회계처리, 무역서류의 작성, 손익분석을 하는 것은 물론이다. 주문번호는 일반적으로 'Order No.'라고 하고 상업송장의 일련번호로 사용한다. 필자의 경우에는 '회사 + 물품 + 담당자'를 영문약자로 한 다음 '연도 + 일련번호'를 붙여서 사용한다.

다. 또한 적하보험과 수출보험에 가입하고, 선적서류를 전달하는 등 국내판매보다 절차가 복잡하고 챙겨야 할 사항이 많다. 그러므로 수출할 때에는 주문별로 일련번호를 매겨 절차에 따라 제대로 진행되고 있는지 수시로 확인해야 한다. 수출과정중 어느 한 단계라도 소홀히 하거나 잘못 진행할 경우에는 주문에 문제가 생긴다.

■■■ 수출계약 체결

해외시장조사를 통해 선정된 거래 상대방에게 거래를 제의하여 이를 수락하면 수출계약이 체결된다. 무역거래는 수출업자가 수입업자에게 수출에 따른 거래조건을 제시하는 오퍼(offer, 청약)에 대해 수입업자가 이를 승낙하거나, 수출업자가 수입업자의 주문을 수출업자가 받아들이는 형태로 계약이 체결된다.

수출계약은 계약관계에 대한 당사자의 합의가 중요하며 특별한 형식이 요구되는 것은 아니다. 그러나 계약관계의 확실성을 기하고 추후의 분쟁을 예방하기 위해, 계약한 물품의 종류·수량·가격·인도(운송·보험)·대금결제방법 등의 계약조건을 명시한 계약서를 작성하는 것이 바람직하다.

■ ■ ■ 결제수단 확보

수출계약을 체결한 후 곧바로 수출준비를 하는 것은 위험하다. 수입업자가 일방적으로 계약을 파기하거나, 가격이나 수량의 조정을 요구할 수 있기 때문이다. 그러므로 상대방을 믿기 전에 선수금이나 신용장 등 안전장치를 받아두는 것이 좋다. 선수금이나 신용장과 같은 결제수단을 확보하지 않고 거래할 경우에는 상대방의 신용 이외에는 믿을 것이 없으므로 신중을 기해야 한다.

신용장은 수출계약을 체결한 후 계약조건에 따른 대금결제를 위해 수입업자가 수출업자 앞으로 개설한다. 수출업자가 계약을 제대로 이행했다는 증거로서, 신용장에 명기된 일정한 서류를 제시하면 수입업자의 거래은행인 신용장 개설은행이 대금결제를 보증하는 문서화된 약속이다.

신용장을 받은 수출업자는 수출대금의 확실한 회수를 위해 계약내용과의 일치 여부, 기타 이행이 불가능한 특수한 조건이 포함되어 있는지 주의 깊게 검토해야 한다.

■■■ 수출승인 취득

수출계약을 한 수출업자는 수출품목에 따라 수출입공고 혹은 통합공고에서 해당되는 경우 수출승인 등을 받아야 한다.

수출승인 획득

수출하고자 하는 품목이 수출입공고상의 수출제한품목인 경우에는 해당 조합 또는 협회의 승인을 받아야 한다. 예로서 대만으로 승용차를 수출하려면 한국자동차공업협회의 승인을 받아야 한다.

2011년 9월 기준으로 가장 최근의 수출입공고는 2011년 2월 8일에 있었다. 수출품목이 마약법·약사법·식품위생법·검역법·문화재보호법 등 대외무역법 이외의 법령에 따라 그 수출요령이 정해진 통합공고상 요건확인 품목인 경우에는 통합공고에서 규정하는 대로 허가, 추천, 신고, 검사, 검정, 시험방법, 형식승인 등을 받아야 한다. 예로서 번식용 한우를 수출하려면 축산법에 따라 한국종축개량협회에 신고를 해야 한다.

▪▪▪ 수출보험 가입

　요즘처럼 이익률이 낮은 수출거래에서는 열 번, 스무 번을 잘해도 한 번 결제사고가 발생하면 그때까지 장사해서 번 돈을 몽땅 날리게 된다. 회수하지 못한 금액도 문제이지만, 이를 해결하기 위해 노심초사하며 애쓰는 것이 더 큰 피해이다. 이를 방지하기 위해서는 수출보험에 가입해야 한다.

　수출보험은 수출업자가 수입국의 외환거래 제한이나 금지, 전쟁과 같은 비상위험, 거래 상대방의 파산이나 지급불능과 같은 신용위험 등, 통상적인 운송보험으로 담보할 수 없는 위험에 대비하여 가입한다. 불가항력적인 위험으로 인해 수출대금을 제대로 회수할 수 없을 때 수출업자의 손실을 덜어주기 위해, 한국무역보험공사에서 운영하는 비영리 정책보험이다.

▪▪▪ 수출물품 확보

　수출물품은 원자재를 확보하여 자체적으로 제조하거나 제조업체로부터 완제품을 구매하여 확보한다. 수출물품을 제조하는 데 필요한 원자재의 조달은 국내에서 구매하는 방법과 외국에서 수입하는 방법이 있다. 국내에서 구매할 경우 수출업자는 무역금융을 활용하여 원자재 구매자금이나 제조에 소요되는 자금을 수출신용장 등을 근거로 유리한 조건에 차입할 수 있다. 반대로 외국에서 수입할 경우에는 수입계약의 체결, 수입승인, 수입통관 등의 일련의 수입절차를 거쳐야 한다. 우리나라에서는 수출진흥 차원에서 수출용 원자재를 수입할 경우에는 내수용에 비해 수입제한을 배제하고 무역금융과 관세환급 등의 특혜를 부여하고 있다.

■■■ 수출검사

확보된 수출물품은 적용을 받는 품목에 한해서 관련 법규에 따라 지정된 검사기관의 수출검사를 받아야 한다. 국내외 각종 유명 규격을 획득한 제품이나 세계일류화 추진상품 등 객관적으로 품질이 우수함을 인정받은 품목, ISO(international organization for standardization, 국제표준화기구) 인증업체 등 품질관리 우수업체의 생산품목, 소액수출품목, 수입업자 검사품목 등은 수출검사가 면제된다.

페루와 같은 일부 수입국은 선적전검사(pre-shipment inspection ; PSI)라 하여 자국으로 수입되는 물품에 대해 선적 전에, SGS(societe general surveillance)나 BV(bureau veritas), Intertek와 같은 공인된 국제검사기관에 의해 검사받을 것을 요구하기도 한다. 수입국 정부에서 수입가격을 낮춰 관세를 절감하려는 것을 방지하거나, 수입업자가 품질·수량·품질의 점검을 위해 수출검사를 요구하기도 한다. 이 경우 검사비는 수입업자가 부담하는 게 일반적이나, 수출업자에게 전가시키기도 한다.

■■■ 운송 준비와 적하보험 가입

수출검사가 완료되면 계약에서 정한 선적일자에 맞는 운항스케줄을 가진 선박회사와 해상운송 혹은 항공운송 계약을 체결한다. 이 경우 전화로 예약한 다음 포장명세서packing list 혹은 선적요청서(shipping request ; S/R)를 팩스로 보낸다. 또한 수출가격조건이 CIF 조건처럼 수출업자가 보험료를 부담해야 하는 경우에는 운송 도중에 수출물품을 잃어버리거나 손상되는 것에 대비하여, 적하보험에 가입한다.

■■■ 수출통관과 선적

적하보험에 가입한 후에는 세관에 수출신고를 해야 한다. 세관장은 구비서류와 기재사항의 누락 여부, 수출승인조건과 수출신고내용의 일치 여부, 그리고 서류상의 신고물품과 실제 물품의 일치 여부 등을 심사한다. 대부분 실제 물품의 심사 없이 수출업자의 신고대로 수출신고필증을 교부한다. 수출신고필증이 발급되어야

만 물품을 선적할 수 있다. 수출업자는 수출물품을 지정된 선박이
나 비행기에 선적한 후 그 증거로 운송회사로부터 수출대금의 회
수에 필수적인 선하증권이나 항공화물운송장을 발급받아야 한다.

■■■ 수출대금 회수

수출물품을 선적한 후 수출업자는 신용장과 수입업자와의 계약
에서 요구하는 환어음 · 상업송장 · 선하증권 · 보험증권 · 원산지
증명서 · 포장명세서 등의 각종 서류를 갖추어, 외국환은행에 환
어음의 매입을 의뢰하게 된다. 외국환은행은 선적서류가 신용장
조건에 합치되는지 여부를 검토한 후, 환어음에 기재된 수출대금
을 수출업자에게 지급한다. 최근 급격히 증가하고 있는 송금결제
방식은 은행을 거치지 않고 수출업자가 직접 선적 전 혹은 선적 후
에 송금을 받고 선적서류를 송부한다.

수출계약 체결

↓

결제수단 확보

↓

(필요시) 수출승인 취득

↓

수출보험 가입

↓

수출물품 확보

↓

수출검사

↓

운송 준비와 적하보험 가입

↓

수출통관과 선적

↓

수출대금 회수

↓

관세환급과 사후관리

　모든 절차가 완료되면 수출용 원자재를 수입할 때 납부한 관세를 세관(관세청)으로부터 환급받는다. 수출품에 관세가 적용되지 않기에 수출용 원자재 수입 시 납부한 관세를 돌려받는 것이다. 외국환은행은 수출 유효기간 이내에 수출 이행과 대금회수가 제대로 되었는지, 수출용 원자재가 당초 목적대로 사용되었는지의 여부 등에 대해 사후관리를 한다. 이 과정이 끝나면 수출절차가 완료된다.

꼭 기억해두세요!

수출은 수출통관과 해외운송을 거쳐야 함은 물론 적하보험과 수출보험에 가입하고 운송서류를 전달하는 등 국내판매보다 절차가 복잡하고 챙겨야 할 사항이 많다.

수입절차는 어떻게 진행되는가

동전의 양면처럼 수출의 반대편에 수입이 있다. 수출이 수입에 필요한 외화를 벌어들이는 절차인 것처럼, 수입은 수출이나 내수 시장을 위해 필요하다. 수출만 하고 수입은 하지 않더라도 수입절차를 잘 알고 있으면 수입업체의 사정을 쉽게 이해할 수 있다.

수입절차는 수입계약의 체결에서 수입신용장의 개설, 수입대금의 결제, 수입물품의 인수에 이르는 일련의 과정을 말한다. 나라마다 조금씩 다르지만 기본 골격은 같다. 수입절차 역시 수출절차와 마찬가지로 대외무역법·외국환거래법·관세법 등 각종 무역관련 법규에서 규정하는 바를 준수해야 한다. 법대로 하는 것이 오랫동안 안정적으로 돈 버는 지름길이다. 편법이나 위법은 오래가지 못한다.

■■■ 수입계약 체결

　수입하고자 하는 물품의 해외공급처를 선정한 후 협상하여 수입계약을 체결한다. 사전에 국내판매계약을 체결하고 수입하는 경우를 주문판매order sales, 판매계약 없이 재고판매로 진행하는 경우를 재고판매stock sales라 한다. 수입계약을 체결한 수입업자는 수출업자의 업무를 대행하는 국내대리점이나 수출업자로부터 직접 오퍼시트offer sheet, 곧 '물품매도확약서'를 받아야 한다. 이것은 거래에 대한 모든 조건이 기재되어 있으며 수입승인과 신용장 개설 시 필요하다.

■■■ 수입승인

　수출과 마찬가지로 수입도 수입승인이 필요한 품목은 수입할 때마다 각 품목별 수입 요령에 따라 승인을 받아야 한다. 통합공고상 요건확인품목은 주무부처의 장 또는 관련 단체의 장으로부터 허가, 추천, 신고, 검사 등을 받아야 한다.

　수입허가나 승인의 유효기간은 수입허가나 승인을 받은 날로부터 1년 이내로 되어 있다. 따라서 수입업자는 이 기간 내에 수입물품의 통관은 물론이고 수입대금의 결제까지 마쳐야 한다. 만일 이 기간 내에 수입통관과 대금결제의 완료가 불가능하면, 20년의

범위 내에서 기간연장의 승인을
얻어야 한다.

취소불능신용장 irrevocabie L/C
신용장이 개설되어 수익자에게 통지된 이상 유효기간 내에는 당사자 전원이 동의하지 않는 한 일방적인 변경이나 취소가 불가능한 신용장을 말한다.

▪▪▪ 수입신용장 개설

수입승인을 받으면 유효기간 내에 거래하는 외국환은행을 통해 일정한 수입담보금을 적립한 후 수입신용장을 개설해야 한다. 외국환은행 입장에서 취소불능신용장의 개설은 지급보증에 해당되므로 상당한 위험부담이 따른다. 그러므로 신용장을 개설하기 전에 수입업자의 신용상태를 확인하고 충분한 담보를 확보한 후 신용장을 개설해야 한다. 담보가 없으면 신용장을 개설할 수 없다.

수입업자가 작성한 신용장개설신청서에 기재된 내용은 곧 신용장조건이 된다. 따라서 신용장개설신청서의 모든 사항은 수입계약서나 수입승인서의 내용대로 간단·명료하고 정확하게 작성해야 하며, 수입업자가 원하는 모든 조건을 빠짐없이 기재해야 한다.

▪▪▪ 대금결제와 선적서류 인수

선적을 완료한 후 수출업자는 신용장조건에 따라 선하증권 등

의 선적서류와 환어음을 자신의 거래은행에 제시하고 수출대금을
회수한다. 신용장 개설은행은 선적서류가 신용장조건과 일치하는
지의 여부를 심사한 후 이상이 없으면 수입업자에게 통지한다. 선
적서류의 도착 통지를 받은 수입업자는 선적서류가 신용장조건과
일치하는지의 여부를 확인한 후, 수입대금과 관련 수수료를 납부
하고 개설은행으로부터 선적서류를 넘겨받는다.

선적서류는 도착했으나 결제대금이 없는 경우에는 수입화물대
도(trust receipt ; T/R)를 통해 대금결제 전이라도 개설은행으로부
터 선적서류를 넘겨받을 수 있다. 또한 수입물품은 이미 도착했으
나 선적서류의 원본이 도착하지 않은 경우에는 외국환은행에 수
입대금을 지급한 후, 화물선취보증서(letter of guarantee ; L/G)를

발급받아 선박회사에 제출하고 화물인도지시서(delivery order ; D/O)를 발급받으면 물품을 인수할 수 있다.

■■■■ 물품 인수와 수입신고

선적서류와 교환하여 인수한 물품은 일정한 구역에 장치하고 세관의 확인을 받아야 한다. 이를 '보세구역장치확인'이라 한다. 통관하고자 하는 물품은 원칙적으로 보세구역에 장치해야 하지만, 중량이나 부피가 너무 크거나 특수한 사유에 의해 보세구역에 장치하기 곤란한 물품은 세관장의 허가를 받아 보세구역이 아닌 다른 장소에 장치할 수 있다. 이것을 '타소장치'라고 한다. 타소장치를 허가할 경우 세관장은 관세와 부가세를 징수하지 못하는 것에 대비해 관세 등 모든 세액에 상당한 담보를 확보한다.

수입신고는 수입업자가 세관장에게 보세구역 등에 장치된 물품을 수입하려는 의사를 공식적으로 표현하는 절차이다. 과세할 물품과 적용 법령 및 납세의무자를 확정시키는, 통관절차 중 가장 중요한 부분이다. 수입하고자 하는 물품이 신속한 통관을 요하는 경우에는 해당 물품을 선적한 선박이나 항공기가 입항하기 전이라도 사전수입신고가 가능하다. 그런 경우에는 수입물품이 도착되는 즉시 부두에서 반출할 수 있다.

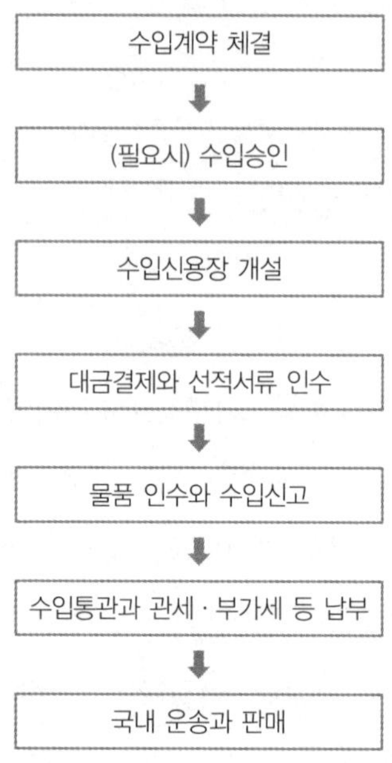

■■■ 수입통관과 관세 납부

선박이나 항공기에 의해 국내에 반입된 외국물품이 국내물품이
되어 수입 목적에 맞게 사용되기 위해서는 관세법 규정에 따라 일
련의 수입통관절차를 거쳐야 한다. 수입통관절차는 수출통관절차
와 유사하지만, 관세와 부가가치세를 납부해야 하고 대부분 수입
검사를 받아야 한다.

　수입통관을 마친 수입업자는 물품을 자신의 창고나 지정된 장소로 운송한다. 수출과 달리 수입은 품목별로 복잡한 국내시장의 유통구조와 다양한 결제 관행으로 인해 결제 지연이나 부도가 자주 발생한다. 도소매상에 물품을 공급하고 곧바로 대금을 결제받지 못하는 데 반해, 해외 수출업자에게는 대부분 현금으로 결제를 해야 하기 때문이다. 이로 인해 수입업자는 현금동원력이 무엇보다 중요하다.

꼭 기억해두세요!

수입절차는 수입계약의 체결에서 수입신용장의 개설, 수입대금의 결제, 수입물품의 인수에 이르는 일련의 과정을 말한다. 국가마다 조금씩 다르지만 기본 골격은 같다.

통관은 국경을 통과하는 절차이다

　사람들이 외국에 나가기 위해서는 출국절차를 거쳐야 하며, 반드시 여권이 있어야 한다. 또 외국에서 국내로 들어오려면 입국절차를 거쳐야 하고 여권도 필요하다. 출입국신고를 해야 하기 때문이다. 마찬가지로 물품이 이동하는 무역에서도 물품이 국경을 넘어 한 나라를 나오고 들어갈 때마다 정부의 승인을 받아야 한다. 이것이 통관이다. 수출통관 시에는 수출신고를 하고 수입통관 시에는 수입신고를 하여 신고필증을 받아야 한다. 사람들이 출국할 때마다 공항세를 내는 것처럼, 무역도 수입할 때마다 관세 등의 각종 세금을 납부해야 한다. 법이 허용하는 범위 내에서 원활하게 물품을 이동하고, 무역을 통해 더 많은 이익과 가치를 창출하려면 수출입통관을 정확히 알고 있어야 한다.

▪▪▪ 통관이란?

통관customs clearance이란 물품을 외국으로 수출하거나 외국에서 수입할 때 거쳐야 하는 세관절차를 말한다. 수출입 과정은 국내거래와 근본적으로 다를 바가 없지만, 국가 간의 거래인 만큼 별도의 관리나 목적에 적합해야 한다. 따라서 국가가 최종적으로 확인하기 위해서 세관의 통관절차를 거쳐야 하며, 이는 세계 각 나라가 공통적으로 시행하고 있다. 우리나라는 관세법·대외무역법·외국환거래법 및 각종 수출입 관련 특별법 등을 통해 수출입을 규제하고 있다. 이러한 각종 법령상의 규제사항을 세관에서 확인·집행하는 제도를 '통관제도'라 한다.

▪▪▪ 통관에는 어떤 것이 있나

통관은 대상이 되는 물품의 성질과 이동경로에 따라 수입통관·수출통관·반송통관으로 구분된다. 수출통관은 물품이 국내에서 외국으로 이동하는 경우에 거치는 통관이고, 수입통관은 외국물품이 국내로 이동하는 경우에 적용된다. 반송통관은 외국물품이 국내로 이동했다가 외국물품인 상태로 다시 외국으로 이동하는 경우에 거치는 통관이다.

■■■ 통관절차

통관절차는 물품의 수출입에 관한 국가의 규제사항을 서류와 현품을 통해 대조하여 확인하는 행정적인 절차로, 수출입 통관절차와 반송절차가 포함된다. 좁은 의미의 통관절차는 물품의 수출입 신고에서 신고의 수리에 이르기까지 일련의 절차를 말한다. 넓은 의미의 통관절차는 물품을 보세구역에 반입하여 좁은 의미의 통관절차를 거친 후 보세구역으로부터 반출하기까지 일련의 절차를 말한다.

요즘에는 무역자동화시스템이 도입되어 간단하고 신속하게 통관하고 있다. 종이서류 대신 전자문서와 통신방식을 표준화한 전산기술을 통관업무에 적용하여, 수출입 업체·관세사·국고수납

기관 등 수출입 유관기관과 세관을 컴퓨터로 연결하여 수출입 신고를 하고 그 결과를 확인한다. 징수 · 보세운송 · 우범화물선별제도(cargo selectivity ; C/S) · 무역통계 · 외부정보 제공 등의 8개 단위로 추진되고 있다.

▪▪▪ 수출입 실적

수출입 실적은 특정 회사의 무역 규모를 알려주는 중요한 자료이다. 우리나라의 수출통계는 수출국 항구에서 선적 직전 가격인

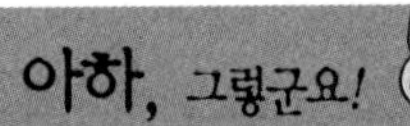

물품의 부피와 무게를 기준으로 할 때 선박을 이용한 수출입이 전체 물동량의 98% 이상을 차지한다.

본선인도조건(free on board ; FOB) 가격을 기준으로 하고, 수입통계와 수입 관련 세금의 부과 시에는 FOB 가격에 해상운임과 적하보험료를 합한 가격인 CIF 가격을 기준으로 한다. 수출가격이 CIF 가격이나 운송비포함조건(cost and freight ; CFR) 가격으로 책정된 경우 일정한 환산율에 따라 FOB 가격을 산출해야 한다.

▪▪▪ 수출통관 절차의 간소화

수출통관이 완료되면 '수출신고필증' 이 발급된다. 상업송장과

구분 지역	CIF		CFR		C&I		비 고
	선 박	항공기	선 박	항공기	선 박	항공기	
일 본	97.04	81.25	98.03	81.57	99.25	99.25	동남아는 인도, 방글라데시, 호주, 뉴질랜드를 포함.
동남아	91.82	80.22	92.51	80.59	99.20	99.45	
기 타	91.19	70/22	91.92	79.60	99.14	99.41	

FOB 가격 = CIF 가격 X 환산율   CIF 가격 = FOB 가격 ÷ 환산율   C&I ; Cost and Insurance

포장명세서를 근거로 수출신고서를 작성하여 제출하면 대부분 별도의 검사 없이 자동으로 수리되지만, 그렇지 않은 경우에는 검사가 생략되는 즉시 수리되거나 검사를 한 후 수리된다. 수출업자는 수출신고일로부터 30일 이내에 물품을 선적해야 하며, 이를 어길 경우 과태료가 부과되므로 각별히 유념해야 한다. 일반적으로 수출통관은 관세사에게 업무대행을 의뢰하면 간편하게 처리되므로 특별히 신경 쓰지 않아도 된다.

꼭 기억해두세요!

통관은 물품을 외국으로 수출하거나 외국에서 수입할 때 거치는 세관절차이다. 수출통관 시에는 수출신고를 하고 수입통관 시에는 수입신고를 하여 신고필증을 받아야 한다.

쉽게 알자! 무역실무

수출통관절차는 어떻게 진행되는가

일반적으로 '수출'은 국내물품을 외국으로 반출하는 것을 말한다. 수출할 때에는 먼저 해당 물품이 대외무역법과 관계 법령에 의거하여 수출이 가능한 물품인지의 여부를 확인해야 한다. 수출대금을 받을 때에도 외국환거래법 등 관계 법령에 의거하여 제약이 없는지 사전에 확인할 필요가 있다.

■ ■ ■ 수출통관절차

수출하고자 하는 모든 물품은 세관의 수출통관절차를 거쳐야 한다. 수출통관절차란 수출하고자 하는 물품을 세관에 신고하여

수출물품에 대해서는 원칙적으로 수출검사를 생략하지만, 전산에 의한 발췌검사나 필요한 경우에 한해 예외적으로 검사를 실시하기도 한다. 이때 부정수출이나 원산지표시 위반, 지적재산권 위반 등이 적발되면 관세법 등 관계 법규에 의거하여 처벌받게 된다.

신고수리를 받은 후, 물품을 우리나라와 외국 간을 왕래하는 운송수단에 적재하기까지 일련의 절차를 말한다. 수출업자는 물품을 선박이나 항공기에 적재하기 전까지 해당 물품의 소재지 관할 세관장에게 수출신고를 하고 수리를 받아야 한다. 수출신고를 받은 물품은 수출신고일로부터 30일 이내에 우리나라와 외국 간을 왕래하는 운송수단에 적재해야 한다. 적재스케줄이 변경되는 등 부득이한 경우에는 통관지 세관장에게 적재기간 연장승인을 받아야 한다. 적재기간 내에 물품이 적재되지 않은 경우에는 수출신고수리가 취소될 수 있으며, 이 경우 관세 환급이 불가능하다.

■ ■ ■ 우편물과 휴대탁송품의 수출통관절차

우편물이나 휴대탁송품의 적재관리에 대해서는 별도의 절차를 규정하고 있다. 수출신고가 수리된 물품을 우편으로 발송하는 경우에는 통관우체국의 세관공무원이나 우체국장에게 수출물품과 수출신고필증을 제출하여 발송확인을 받아야 한다. 수출우편물 발송확인 업무를 취급하는 우체국이 아닌 별정우체국과 우편취급소를 이용할 경우에는 선적 사실의 확인이 불가능하여 관세를 환급받을 수 없으며, 수출신고의 수리가 취소될 수도 있다.

수출신고가 수리된 물품을 휴대하여 출국할 때에는 수출신고수리물품의 적재확인을 받아야 한다. 적재확인은 출국 시 출국심사 세관공무원에게 수출신고필증 사본을 제출하면 된다.

■ ■ ■ 반송통관절차

우리나라 보세구역에 반입된 외국물품을 부득이한 사정으로 인해 다시 외국으로 돌려보낼 경우에는 반송통관절차를 거쳐야 한다. 외국에서 우리나라로 반입된 물품을 수입신고를 하지 않고 외국으로 돌려보내는 것을 '반송' 이라 하며, 반송에 관련된 절차는 '반송통관' 이라 한다. 반송통관은 수출통관절차와 동일하게 수출신고서를 작성하여 세관에 신고하면 된다. 반송물품에 대해서는

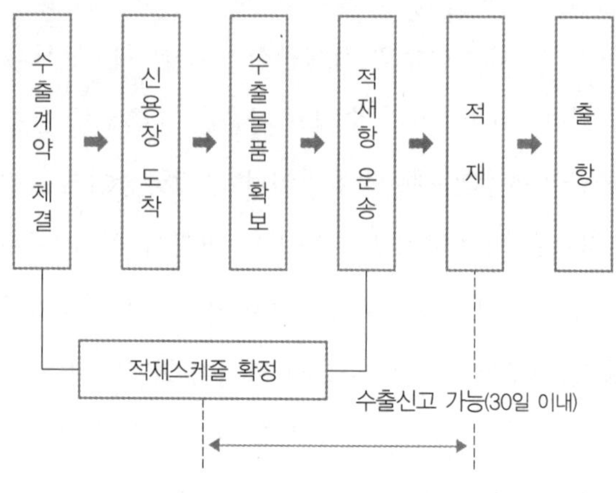

보세운송에 의해 운송해야 하고, 반드시 적재확인을 받아야 한다.

꼭 기억해두세요!

수출통관은 수출하고자 하는 물품을 세관에 신고하여 신고수리를 받은 후, 우리
나라와 외국 간을 왕래하는 운송수단에 적재하기까지 일련의 절차를 말한다.
반송통관은 외국에서 우리나라로 반입된 물품을 수입신고를 하지 않고 외국으로
돌려보낼 경우에 거치는 통관절차이다.

수입통관절차는 어떻게 진행되는가

외국물품을 수입할 경우에는 해당 물품이 관련 법령에 의거하여 수입이 가능한 물품인지의 여부를 확인해야 한다. 수입요건 구비대상에 해당되는 물품은 수입요건 확인기관의 확인을 받고 해당 구비서류를 갖추어야만 세관의 통관이 가능하다. 모든 수입물품은 세관에 수입신고를 해야 하며, 세관에서 수입신고를 수리해야 국내로 들여올 수 있다. 수입신고는 우리나라에 물품이 도착되기 전에도 가능하다. 이러한 신고를 '출항전신고', '입항전신고'라고 한다.

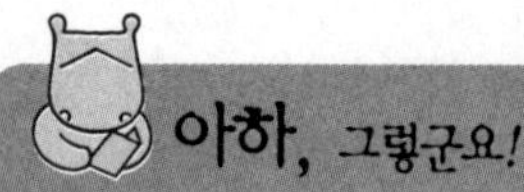

요즘에는 무역자동화시스템이 도입되어, 신고인이 사무실에서 전산으로 수입신고를 하고 전산으로 신고수리 결과를 통보받을 수 있는 '서류 없는paperless 수입통관제도'를 시행하고 있다. 이 제도는 수입신고의 정확도가 높고, 체납사실이나 관세법 또는 환급특례법 위반사실이 없는 성실업체로 지정을 받은 업체만 이용할 수 있다.

■ ■ ■ 수입통관절차

수입신고절차

외국물품이 우리나라에 도착하면 보세창고에 장치하는데, 수입신고는 보세창고에 반입되기 전이나 반입 후 어느 때라도 가능하다. 수입신고는 화주·관세사·관세사법인·통관취급법인의 명의로 해야 한다. 화주가 직접 신고하는 경우에는 수입신고사항을 세관에 전송하는 전산설비 등을 갖춘 후 세관에서 ID를 부여받아 신고하면 된다. 영세한 수출업체의 경우에는 무역협회 등에 설치된 공용단말기를 통해 신고할 수 있다.

수입신고는 관세청에서 정한 수입신고서에 기재사항을 기재한 후 선하증권 부본 등 신고 시 제출서류를 첨부하여 세관에 제출하면 된다. 수입신고서를 접수한 세관에서는 신고한 물품의 검사 여부를 결정하는데, 대부분 검사 없이 신고내용의 형식적·법률적 요건만 심사하고 수리한다. 그러나 검사대상으로 선정된 물품은 세관공무원이 수입물품에 대한 검사 및 심사를 한 후 신고수리를 한다. 세관의 심사결과 수입신고가 정당하게 이루어진 경우에는 관세 등을 납부하거나, 세액에 상당하는 담보를 제공해야 물품을 반출할 수 있다. 담보를 제공한 경우에는 신고수리 후 15일 이내

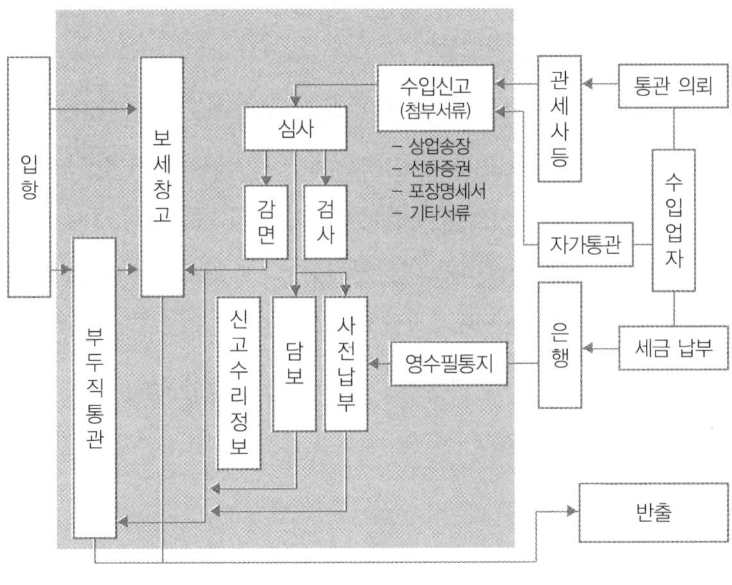

에 관세·부가세 등을 납부해야 한다.

원칙적으로는 수입물품에 대해 정해진 관세와 내국세 등을 납부해야 하지만, 관세가 면제되거나 일부가 감면되는 경우도 있다. 또 관세를 납부했다 하더라도 이를 원재료로 사용하여 수출한 경우에는 납부한 관세를 환급해준다. 법령에 의해 수출입이 금지되거나 제한된 물품에 대해서는 수출입요건과 상표권 침해 여부, CITES(Convention on International Trade in Endangered Species of Wild Fauna and Flora, 야생 동식물의 국제거래에 관한 협약) 대상 물품

여부, 원산지표시 등을 확인한 후 통관을 허용한다.

수입신고 시기와 신고요건

수입신고는 우리나라에 물품이 도착되기 전뿐만 아니라, 선박이나 항공기가 도착한 후 물품이 보세구역에 도착하기 전, 보세구역에 장치된 후 등 어떠한 시점에서도 신고가 가능하다. 세관에서는 편의상 물품을 어디에 두고 신고하느냐에 따라 출항전신고, 입항전신고, 보세구역도착전신고, 보세구역장치후신고로 구분하고 있다. 출항전신고와 입항전신고는 물품을 적재한 선박 등이 우리나라에 입항하기 5일 전(항공기에 의한 경우에는 1일 전)부터 신고할 수 있다.

| 출항전신고 |　　수입물품을 적재한 선박이나 항공기가 선적지에서 출항하기 전에 수입신고를 하는 것을 말한다. 항공기를 통해 수입되는 물품이나, 일본·중국·대만·홍콩에서 선박을 통해 수입되는 물품은 출항전신고가 가능하다. 이 경우 수입물품을 적재한 선박이 도착할 입항예정지 세관장에게 수입신고를 해야 한다.

| 입항전신고 |　　수입물품을 적재한 선박이나 항공기가 선적지에서 출항한 후 입항예정지에 입항하기 전에 수입신고를 하는 것을 말한다. 출항전신고와 마찬가지로 수입물품을 적재한 선박이나 항공기가 도착할 입항예정지 세관장에게 수입신고를 해야 한다.

| 보세구역도착전신고 |　　수입물품이 입항예정지에 도착한 후 보세창고에 입고되기 전에 수입신고를 하는 것을 말한다. 이때 보세구역이란 보세창고는 물론 부두 밖 컨테이너 보세창고와 컨테이너 내륙통관기지, 선상까지 포함된다.

| 보세구역장치후신고 |　　수입물품이 입항예정지에 도착하여 보세구역에 장치된 후 관할 세관에 신고하는 것을 말한다.

■ ■ ■ 부두직통관제도

수입물품을 부두 밖으로 운송하지 않고 부두 내에서 하역하는 즉시 통관절차를 완료하여 공장이나 창고로 운송하는 제도를 '부

두직통관제도'라 한다. 입항 후 국내시장에 유통되는 단계까지의 통관시간이 15일에서 3일 이내로 대폭 단축되어, 물류비용을 절감하고 적기수송이 가능하다. 이에 따라 컨테이너 전용 부두의 경우에는 60% 이상이 부두직통관으로 처리되고 있다.

■ ■ ■ 보세구역외장치

부두직통관을 하지 않고 수입할 경우에는 수입신고필증을 받기 위해 보세구역 내에 장치해야 하는데, 이 경우 세관에서 장치확인을 받아야 한다. 그러나 다음과 같은 경우에는 화주가 다른 적당한 장소를 확보하여 세관에 신고한 후 허가를 받으면 장치가 가능하다. 이를 '보세구역외장치'라 한다.

- 중량이 거대하여 보세구역 내에 장치하기 곤란한 물품
- 보세구역에 장치한 후 다시 운송하기 힘든 벌크화물bulk cargo
- 부패나 변질될 우려가 있거나, 그로 인해 다른 물품을 오손할 우려가 있는 물품
- 방진이나 방습으로 인해 특수한 보관이 필요한 물품, 귀중품, 의약품
- 살아 있는 동·식물로서 보세구역에 장치하는 것이 곤란한 물품

이 경우 건당 1만 8천 원의 타소장치허가수수료를 세관에 납부하고, 송장금액만큼 현금담보(약 120%)를 세관에 제공해야 한다.

모든 수입물품은 세관에 수입신고를 하여 수입신고를 수리받아야 국내로 들어올 수 있다.

수입물품을 부두 밖으로 운송하지 않고 부두 내에서 하역하는 즉시 통관절차를 완료하는 제도를 부두직통관제도라 한다.

장사는 타이밍이 중요하다

때와 장소, 사람이 잘 맞으면 큰일을 해낸다고 했다. 이 중에서도 스스로 능동적으로 선택할 수 있는 것이 '때', '시점' 혹은 '타이밍'이다. 장사를 하는 사람은 언제, 무엇을 할 것인지에 대해 항상 고민한다. 여기에서 '무엇을 할 것인가'에 관한 고민은 오랜 시간이 필요하지만 '언제 할 것인가'에 관한 고민은 순간적인 선택에 따라 해결되는 경우가 많다.

시점과 타이밍에 대해 설명하는 것은 무척 어렵다. 그보다 먼저 어떻게 하면 안 좋은 때를 피할 수 있을까에 대해 설명하는 것이 더 쉽다. 이 질문에 대한 답은 누구나 알고 있듯이, "남들이 하는 거 따라 해서는 성공할 수 없다."이다.

장사는 궁극적으로 이윤을 추구하고 누구나 그 이윤을 갖고 싶어하지만 소수만이 이윤을 얻을 수 있다. 이윤을 얻으려면 남들과 다른 뭔가를 추구해야 한다. 남들과 같아서는 이윤을 얻기 힘들며, 설령 이윤을 얻더라도 만족스럽지 못하다. 장사에 성공하려면 남들보다 반걸음 먼저 시작해야 한다. 이것은 말하기는 쉽지만 실천하기는 참으로 어렵다.

제조업이나 무역업을 전문적으로 하는 사람들은 시류를 놓치지 말아야 한다. 그러려면 해당 분야의 전시회에 참석하고, 전문잡지를 구독하며, 관련된 인터넷사이트를 자주 방문해야 한다. 앞서가는 사람들의 행동을 관찰하고 시장 동향을 쫓다보면 자연스럽게 시류를 타게 되고 자신의 때를 만나게 될 것이다.

무역거래를 시작하라

거래 품목을 선정하고 시장조사를 하라
거래처를 발굴하라
신용조사 후 거래를 제의하라
오퍼를 제시하고 흥정을 하라
무역계약을 체결하라

무역업자가 팔릴 가능성이 있는 물품을 찾는 것은 타석에 들어선 타자에 비유할 수 있다. 여러 가지 품목을 검색한 끝에 선택한 물품이 맥없이 아웃으로 끝날 때도 있고 때로 홈런이 되기도 한다. 거래하는 물품은 팔려는 사람의 의지와 소비자의 수요가 일치했을 때 그 빛을 발하는 것이다. 지금부터 구체적인 무역실무의 단계로 들어가서, 거래 품목과 시장을 정하고 거래처를 발굴하여 무역계약을 체결하기까지의 일련의 절차에 대한 기본적인 사항을 살펴보자.

거래 품목을 선정하고 시장조사를 하라

돈 되는 품목을 찾아 자신의 것으로 만드는 일은 무역업자라면 평생 해야 할 일이다. 제조업체도 그렇겠지만, 무역업은 선택의 폭이 넓다. 당연히 모든 무역업자들은 돈 되는 품목을 찾고자 늘 열심이다. 어떤 품목이 돈이 될까? 이 질문에 대한 답은 '나는 어떤 품목에 더 강한가?'에서 찾아야 한다.

■ ■ ■ 거래 품목의 선정

거래할 물품을 선정하는 과정은 무역의 첫 단추이자 생명줄을 찾는 것이다. 시장은 새로운 물품의 개발과 기존 물품의 개선을 끊임없이 요구하기 때문이다.

수출인가, 수입인가

먼저 해외에서 사서 국내에 팔 것인지, 국내에서 사거나 만들어서 해외에 팔 것인지 결정해야 한다. 수입의 경우 구입대금은 즉시 결제해야 하는 반면, 판매대금의 회수는 장기적이고 불확실하다. 자금부담과 결제위험이 큰 반면 이익 창출의 폭이 넓다. 이에 반해 수출은 판매대금의 회수위험은 적으나 상대적으로 이익률이 낮다. 그러므로 자신이 가진 조건에 따라 수입을 할 것인지 수출을 할 것인지 결정해야 한다. 일반적으로 국내 유통에 밝고 자금 동원능력이 있으면 수입을 하고, 해외 판매처와 국내 공급처의 확보에 자신이 있으면 수출을 하는 것이 좋다.

팔 수 있는 물품과 팔리는 물품

구매자와 판매자가 얽혀 있는 무역은 자연의 법칙에 따라 먹고 먹히며 생존하는 동물세계의 먹이사슬 구조와 흡사하다. 자신의 이익을 위해서라면 어제의 동지가 오늘의 적이 되는 것도 서슴지 않는 것이 무역의 세계이다. 여기서 살아남기 위해서는 남보다 앞서는 자신만의 분야를, 곧 자신이 경쟁력을 갖는 분야를 찾아야 한다. 주변부터 유심히 관찰하여 소비자가 원하는 것이 무엇인지 파악해 적극적으로 시장개발에 나서야 한다.

자신이 팔 수 있는 품목을 주관적이라면 실제 팔리는 품목은 객

쉽게 알자! 무역실무

관적이라고 볼 수 있다. 팔리는 물품을 찾기 위해서는 일단 해당 물품이 거래가 가능한지 확인한 후, 물품의 장래성을 고려해야 한다. 수출물품은 우리나라가 경쟁력을 가지고 있는지, 수입물품은 국내 시장가격이 어떠한지, 국내 수요는 지속적인지 면밀히 살펴야 한다.

자신이 팔 수 있는 물품이라면 얼마나 팔 수 있는지, 잘 팔리는 물품이라면 얼마나 팔릴 것인지에 대한 종합적인 조사와 분석을 거쳐 최종적으로 거래할 물품을 선정한다. 이것은 무역업을 하는 동안 지속적으로 이루어져야 한다.

■ ■ ■ 해외시장조사

특정한 물품을 해외시장에 판매하기 위해서는 먼저 해외시장조사가 필요하다. 해외시장조사는 선택한 물품을 어느 시장에서 어떤 조건으로 사고팔 것인가, 즉 물품에 대한 잠재구매력이나 판매가능성을 알아보기 위한 것이다. 외국과의 무역거래에서 위험과 비용을 최소화하고 이익을 극대화하기 위해서는 신속하고 정확한 해외시장조사가 필요하다.

해외시장조사에 필수적으로 포함되어야 할 내용은 다음과 같다.

• 일반사항 — 정치, 경제, 사회, 문화, 지리, 기후, 인구, 언어, 종교 등

- 경제동향 — 경제성장률, 국민소득, 물가, 임금, 고용, 국제수지 등
- 산업동향 — 산업구조
- 무역동향 — 대외무역구조
- 무역관리제도 — 수출입관리제도와 절차, 외환관리제도, 관세와 기타 수입규제
- 시장특성 — 소비자계층, 상관습, 구매시기 등
- 유통구조 — 시장접근을 위한 유통구조(수입업자, 중간상, 도매상, 소매상)
- 경쟁구조 — 경쟁업체의 수와 강·약점
- 기타 — 항만, 교통, 통신시설 등

■■■ 해외시장조사를 하는 방법

　해외시장조사의 방법은 1차 자료와 2차 자료를 이용하여 무역업체가 자체적으로 조사하는 직접조사와, 코트라나 해외시장조사 전문기관을 통해 필요한 정보를 입수하는 간접조사가 있다. 가장 손쉬운 방법은 역시 이미 간행된 2차 자료를 활용하는 방법이다. 해외시장조사에 필요한 2차 자료에는 코트라나 한국무역협회의 홈페이지에 비치된 각종 무역통계, 국가별 혹은 지역별 무역환경이나 무역동향 등의 내용이 있다. 국내 주재 외국공관의 자료실에서도 해외시장조사에 유용한 자료를 입수할 수 있다.

　그러나 2차 자료는 특정 시장의 잠재력을 파악하는 경우에는 유용하지만, 취급할 품목과 직접적으로 관련된 정보를 얻는 데는 부족한 점이 많다. 이런 경우에는 현지를 직접 방문하여 조사하는 것도 적극적으로 검토해야 한다. 경비문제 등 직접조사의 한계를 고려하여 코트라에 해외시장조사를 위탁하는 것도 현명한 방법이다. 코트라는 세계 70여개국에 코리아 비즈니스센터를 두고 무역업체의 신청을 받아 해외시장조사를 대행해준다.

해외시장조사를 할 때는 우선 코트라 · 대한무역협회 · 한국무역보험공사의 시장보고서를 검토하여 대상 지역과 품목을 선정한 후 코트라에 해외시장조사를 의뢰해야 한다. 그리고 그 결과를 토대로 현지에 가서 직접 조사해야 한다.

거래 품목을 선정할 때는 수출할 것인지 수입할 것인지 결정한 후, 자신이 경쟁력을 갖는 분야를 개발하여 자신이 팔 수 있는 품목과 팔리는 품목을 선택해야 한다.

해외시장조사의 방법에는 1차 자료와 2차 자료를 통해 무역업체가 자체적으로 조사하는 직접조사와, 코트라나 해외시장조사 전문기관을 이용하는 간접조사가 있다.

거래처를 발굴하라

해외시장조사를 통해 팔고자 하는 물품의 대상 시장이 선정되면 잠재력이 있는 유능한 거래처를 발굴해야 한다. 무역업자에게 거래처는 인생의 동반자와 같이 사업 파트너로서 중요한 자산이 된다. 전 세계를 상대로 국내 9만 개가 넘는 무역업체가 수출과 수입에서 치열한 경쟁을 벌이고 있다. 이 과정에서 거래처의 발굴 · 확보 · 유지 · 확장을 성공적으로 이끌려면 어떻게 해야 하는가?

■ ■ ■ 인터넷을 이용하는 방법

인터넷을 이용하는 방법으로는 인터넷사이트를 구축하여 각종

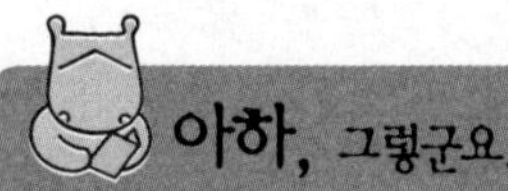

인터넷을 이용한 거래 제의 시 전화번호와 팩스번호가 없거나, 주소가 국가명과 도시명만 나오는 경우에는 가짜일 가능성이 높다. 무료견본이나 방한용 초청장을 얻기 위한 가짜 거래 제의도 있으므로 조심해야 한다.

검색엔진에 등록한 후, 거래 알선 사이트와 무역 관련 사이트에 포스팅하는 방법, 무역 관련 뉴스그룹 및 메일링리스트에 가입하여 홍보하는 방법이 있다. 이보다 적극적인 방법으로는 목적시장에 대한 잠재고객을 웹사이트를 통해 직접 찾는 방법과 유명 사이트(예 : alibaba.com)에 배너광고를 통해 자사를 홍보하는 방법, 그리고 웹사이트 상의 무역전시회 등에 참여하는 방법이 있다.

■■■ 한국수입업협회와 한국외국기업협회에 문의

수입을 위해 해외 거래처를 발굴하고자 할 경우에는 먼저 한국수입업협회(www.aftak.or.kr)에 문의하는 것이 좋다. 우리나라 수입물량의 83%을 이곳 회원사들이 차지하고 있다. 또 우리나라에서 주재하는 외국기업의 국내 지사(buying office)들이 우리나라 물품을 구입할 때 이용하는 한국외국기업협회(www.forca.org)에 문의하는 것도 좋다. 이곳 외국기업들은 양질의 물품을 대량으로 값싸게 구입하고자 하는 까다로운 구매 형태를 가지고 있다.

■■■ 자체홍보물 이용

기초 홍보물 제작

해외 배포용 카탈로그는 국내용과는 달리 세심한 계획하에 영문이나 대상지역 언어로 제작해야 한다. 홍보물 내용은 되도록 제품설명에 주안점을 두고 불필요한 인사문이나 장황한 회사소개 등은 피해야 한다. 구매자는 제품을 구매하고자 하는 것이므로 제품의 정확한 규격·용도·재질 등에 더 흥미를 가지고 있다.

홍보물 배포

홍보물을 배포할 때에는 어떤 채널을 통해 손쉽고 효과적으로 잠재고객에게 전달하느냐가 중요하다. 바이어 목록은 주한 외국대사관이나 한국무역협회, 코트라 등 국내 경제단체와 관련 기관에서 쉽게 구할 수 있다. 또한 무역자료센터나 해외 마케팅센터로부터 해당 지역의 디렉터리 등을 구입하여 사용하거나, 무역협회의 국제협력부나 거래알선실, 코트라의 시장개척부, 상공회의소 국제부 등의 내방 구매자 리스트를 이용할 수도 있다. 〈무역일보〉에 게재된 거래알선란 등을 참고할 수도 있다.

홍보물은 발송료 등을 감안하여 가급적 해당 물품을 취급하는 바이어에게 배포하는 것이 좋다. 또한 해외에 발행되는 전문잡지의 배포 리스트를 입수하여 활용하는 방법도 있다. 이외에도 국내 전시회를 관람하는 고객들에게 또는 해외상품조사단, 해외전시회, 무역박람회 참가 시에도 배포가 가능하다.

해외광고를 통한 방법

국내에서 발간되는 해외배포용 매체는 〈Korea Export〉, 〈Korea Trading Post〉, 〈Buyers Guide〉, 〈Korea Trade〉 및 기타 수출 관련 기관이 발간하는 유료·무료 홍보지가 있다. 이들 국내 발간 해외홍보매체는 〈Business Korea〉, 〈Korea Business World〉 등 일부 매체를 제외하고는 거의 수출 관련 기관에서 제작·배포되어 해외 발간 매체보다 광고료가 매우 저렴하므로 중소 수출기업의 광고 대상으로 적당하다. 이들 홍보지를 이용할 경우 매체의 성격, 배포부수, 배포지역, 구독층을 신중히 분석하여 적정 매체를 선정해야 하며, 광고안 제작에도 신중을 기해야 한다.

■■■ 해외공공기관 이용

각국의 상공회의소, 세계무역센터협회(World Trade Centers Association ; WTCA) 및 각국의 세계무역센터, 수출입 관련 기관에 거래 알선 의뢰 서한을 보내는 방법이 있다. 이 경우 그들이 발행하는 기관지를 통해 업계홍보 또는 관련 업자의 소개를 의뢰하면 된다.

▪▪▪ 각종 사절단 및 전시회 참가

무역 관련 기관에서 구성·파견하는 각종 투자사절단과 무역사
절단, 박람회 및 전시회가 있는데, 대부분 참가업체에 대한 여러
가지 혜택 및 지원이 있다. 특히 한국무역협회에서 총괄하여 파견
하는 해외투자 및 무역사절단과 코트라에서 총괄하여 참가하는
해외박람회 및 전시회는 각종 경비지원 및 사전홍보는 물론이고
현지 바이어와의 상담을 주선해주는 혜택이 있다.

▪▪▪ 직접 방문을 통한 발굴

유망 거래처를 발굴하고 거래를 성사시키는 가장 좋은 방법은

우리나라 무역업계에서 주로 사용하는 시장개척법은 전문 세일즈 요원을 파견하는 방법이며, 다음으로 외국 바이어 초청, 해외 지점망 활용, 국제무역박람회·전시회·무역사절단 파견, 그리고 해외광고를 통한 방법이다.

현지를 직접 방문하여 얼굴을 맞대고 상담하는 것이다. 이 방법은 경비와 시간이 많이 소요되며, 적절한 거래처를 만나지 못하고 가능성이 없는 업체만 접촉할 수도 있다. 따라서 먼저 전자우편이나 팩스로 교신한 후 전화통화를 하여, 거래 가능성이 있을 때 현지를 방문하는 것이 좋다. 이 경우 사전에 상대방에 대한 신용조사를 하는 것이 좋다.

거래처를 발굴할 때에는 인터넷을 이용해 거래 알선 사이트와 무역 관련 사이트에 포스팅, 한국수입업협회와 한국외국기업협회에 문의, 자체 홍보물을 제작해 해외에 배포, 해외광고 진행, 각종 사절단과 전시회에 참가, 직접 방문을 통한 발굴 등의 방법을 이용할 수 있다.

신용조사 후 거래를 제의하라

■■■ 신용조사

신용이란 믿을 만한 정도를 말한다. 물품을 공급하거나 대금을 지급하는 것에 대한 믿을 만한 정도를 살펴보는 것이 '신용조사' 이다. 상거래를 하다 보면 상대방의 신용조사를 게을리 하여 피해를 입는 업체가 많다. 특히 거래 당사자가 멀리 떨어져 있어 인터넷이나 팩스 교신만으로 거래관계가 개설되는 국제거래에서는 신용조사가 매우 중요하다. 그러나 비용이 많이 들거나 신용조사가 불가능한 지역의 경우, 선수금이나 신용장을 받은 경우에는 신용조사를 하지 않는다.

신용조사에 포함되어야 할 내용

무역업계에서는 신용조사 시 반드시 포함되어야 할 다음의 내용을 '신용조사의 3C's' 라고 한다.

| 성실성 | 성실성character은 거래 상대방의 성실성, 영업태도, 계약 이행에 대한 열의, 업계 평판, 도의심 등 계약을 얼마나 성실하게 이행하는가를 판가름하는 기준이 된다.

| 거래능력 | 거래능력capacity은 거래 상대방의 연간매출액, 영업 형태, 연혁 내지 경력, 영업권, 공장 및 설비 등 영업능력을 측정하기 위한 것이다.

| **자본력** |　　자본력capital은 거래 상대방의 재무상태, 즉 수권자본과 납입자본, 자기자본과 타인자본, 기타 자산상태 등 대금지불능력의 척도가 된다.

이 밖에도 신용조사에는 거래조건, 담보능력 등 여러 가지 내용이 포함되어야 한다. 이 중에서 가장 중요한 것은 역시 성실성이라 할 수 있다. 특히 무역거래의 고질병이라 할 수 있는 악질적인 무역업자들에 의한 계획적인 클레임을 미연에 방지하기 위해서는 철저한 신용조사 이외에 특별한 방법이 없다.

■■■ 신용조사를 하는 방법

신용조사의 방법은 은행조회와 업계조회 두 가지가 있다. 은행조회bank reference는 상대방 거래은행을 통해 조사하는 방법으로, 점차 감소하고 있다. 업계조회trade reference는 상대방과 거래 경험이 있는 국내업체, 상대국의 다른 거래처, 현지 상공회의소 등을 통해 조사하는 방법이다. 국내에서는 코트라, 신용보증기금, 수출입은행, 한국무역보험공사 등이 전 세계적인 지점망과 세계 유수의 상업흥신소와의 제휴관계와 영업경험을 토대로 실비 혹은 무료로 신용조사서비스를 제공하고 있다.

거래의 중요성을 감안할 때 상대방에 대해 보다 상세한 신용정보가 필요한 경우에는 다소 비싸기는 하지만 상업흥신소라 불리는 신용조사전문기관을 활용하는 것이 좋다. 전 세계적으로 가장 널리 알려져 있는 신용조사 전문기관으로는 미국의 디앤비Dun & Bradstreet International가 있다.

■■■ 거래 제의

다양한 경로를 통해 잠재적인 거래처가 발굴되면 이들의 리스트를 작성하여 거래제의서를 발송한다.

거래제의서 발송

접근할 시장을 선정하여 시장조사를 하고, 거래 품목을 취급하는 무역업자의 명단을 입수한 후에는 자신을 알리고 상대방의 관심을 끌 수 있도록 거래제의서를 발송한다. 시장조사를 통해 파악한 시장 특색과 수요 성격을 토대로 살펴볼 때, 해당 시장에서 자사 상품이 경쟁력을 가질 수 있는가를 전제로 해야 한다. 그러한 전제가 없다는 것은 마치 이성을 사귈 때 상대방의 성격과 취향을 전혀 모르면서 알려고도 하지 않은 채 무작정 접근해 백전백패하는 경우와 같다.

거래제의서에 포함되어야 할 내용

거래제의서는 거래 가능성이 있는 회사에 새로운 거래를 제안하는 편지 혹은 팩스, 전자우편 등의 문서를 말한다. 동일한 내용의 편지를 여러 회사에 보내기 때문에, 업계에서는 '회람·회보'를 뜻하는 'Circular'와 편지를 뜻하는 'Letter'를 합쳐 'Circular Letter'라고 한다. 거래제의서는 1장 정도로 간결하게 작성하는 것이 좋다.

일반적으로 거래제의서에는 다음과 같은 내용이 포함되어 있다.

- 상대방을 알게 된 경로
- 자사의 업종, 취급 상품, 거래 국가
- 업계에서의 지위, 경험, 평판, 생산규모, 수출규모
- 거래조건(특히 가격조건과 결제조건)
- 신용조사처(주거래은행의 이름 및 주소)
- 상호 이익을 토대로 한 정중한 결문

▪▪▪ 상품 조회

거래 제의를 받은 상대방은 관심이 있으면 구체적인 거래 조건을 제시할 것을 요구하거나, 견본·

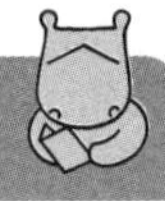
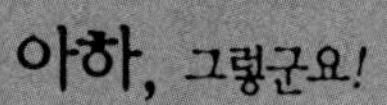

견본상인sample merchant이라 하여 오로지 견본만 받아볼 목적으로 조회를 보내는 불량업자도 있으므로 유의할 필요가 있다.

가격표·카탈로그 등의 송부를 요청한다. 이를 '조회'라고 한다. 이러한 조회서신을 받으면 모든 문의내용에 대한 답변을 포함하여 지체 없이 회신해야 한다. 신속한 회신은 거래의 생명이다.

조회서신에 대한 답변서를 작성할 때는 다음 사항에 유의해야 한다.

- 조회에 대해 감사의 표시를 하고, 조회 내용의 골자를 기술함으로써 상대방의 기억을 상기시킨다.
- 자사 상품의 특징을 설명할 때 지나친 과장을 피하고 간결하게 표현한다.
- 조속한 주문이 유리하다면 그 점을 강조한다.
- 카탈로그나 가격표를 보낼 때 필요한 사항이 있으면 서신으로 보충한다.
- 견본 수배가 안 될 경우에는 따로 곧 송부한다고 언급한다.
- 조속한 시일 내에 주문이 있기를 바란다고 하고, 직접 만나서 상담하기를 희망한다고 언급한다.

상대방의 조회서신에 대한 답변은 이메일이나 팩스를 이용하는 것이 좋다. 가격표나 견본을 보고 구매결정을 할 경우에는 서신으로 회신하기도 하나, 최근에는 인터넷이 발달하여 전자우편으로 모든 교신을 한다.

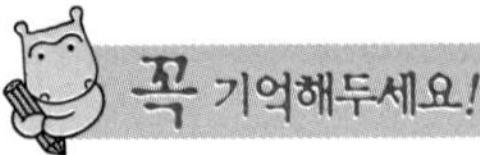

물품을 공급하거나 대금을 지급하는 것에 대한 믿을 만한 정도를 살펴보는 것을
신용조사라 한다.
거래 상대방에 대한 성실성·거래능력·자본력은 신용조사 시 반드시 포함되어
야 하며, 이를 '신용조사의 3C' s' 라고 한다.

오퍼를 제시하고 흥정을 하라

손바닥도 마주쳐야 소리가 나듯이, 무역이 이루어지려면 거래 당사자가 있어야 한다. 물건을 팔 사람이든, 살 사람이든 거래를 할 경우에는 어떤 방법으로든 신호를 보내야 한다.

■■■ 오퍼 제시

오퍼(offer, 청약)란 거래를 원하는 사람이 거래조건을 요약하여 제시하는 의사표시이다. 수출업자가 판매를 위해 발행한 오퍼를 '판매오퍼selling offer' 라 하고, 수입업자가 구매를 위해 발행한 오퍼를 '구매오퍼buying offer' 라 한다. 보통은 수출업자가 수입업자에게 어떤 조건으로 팔고 싶다는 의사표시를 한다. 현재 세계 무역시장은 공급이 넘치고 있어 팔고자 하는 노력이 더욱 절실히 필요하다.

오퍼에는 어떤 것이 있나

연애편지를 종이비행기로 접어 날리거나, 종이배로 접어 강물에 띄우는 기분으로 이곳저곳에 거래제의서를 보내다 보면, 관심을 표하는 무역업자의 회신을 접하게 된다. 그렇다고 해서 아무 데나 보내서는 안 된다. 물량이 한정되어 있으므로 범위를 좁혀 정확하게 표적사격을 해야 한다.

오퍼는 그 효력의 확정성 여부에 따라 확정오퍼, 불확정오퍼, 조건부오퍼 등이 있으며, 오퍼에 대한 오퍼인 반대오퍼가 있다.

│ 확정오퍼 │　유효기간이 확정되어 있고, 그 기간 이내에 상대
방이 승낙하면 계약이 성립되는 오퍼를 '확정오퍼firm offer' 라 한
다. 유효기간 내에 확정오퍼를 제시한 측은 오퍼의 조건을 변경·
취소할 수 없으며, 오퍼를 받은 측이 유효기간 내에 승낙회답을
하면 계약이 성립된 것으로 간주한다.

│ 불확정오퍼 │　유효기간이 확정되어 있지 않고 언제라도 취소
나 변경이 가능한 오퍼를 '불확정오퍼free offer' 라 한다. '사전 통
보 없이 변경 가능한 오퍼(offer subject to change without notice)'
는 형식적으로는 다음에 설명하는 조건부오퍼의 형식을 취하고
있으나, 실제로는 불확정오퍼에 가깝다.

│ 조건부오퍼 │　확정오퍼와 불확정오퍼의 중간 형태로, 오퍼를
제시하는 측의 조건에 따라 확정되는 오퍼를 '조건부오퍼conditi
onal offer' 라 한다. '우리의 최종 확약에 따라(offer subject to our
final confirmation)', '재고 판매의 경우에는 먼저 팔리면 무효가
된다(offer subject to prior sale)' 등의 조건이 붙는다.

│ 반대오퍼 │　제시된 오퍼의 거래조건을 그대로 받아들일 수 없
는 경우 그중 일부나 전부를 수정하여 원하는 조건을 반대로 제시
하는 오퍼를 '반대오퍼counter offer' 라 한다. 처음에 오퍼를 제시
한 측이 반대오퍼를 승낙하면 계약이 성립된다. 실제로 이러한 반

쉽게 알자! 무역실무

대오퍼가 여러 번 왔다갔다하면서 쌍방이 합의에 이르게 되며, 매매계약이 성립되는 경우가 많다.

오퍼에 기재되어야 할 사항

오퍼에 포함되는 내용은 오퍼 대상 품목의 성격과 거래 규모에 따라 다르다. 일반적으로 오퍼에는 다음 사항이 포함되어야 한다.

| 품명과 규격 | 품명과 규격commodity & description은 상대방이 분명하게 알아볼 수 있도록 명기해야 한다. 이는 거래 대상을 확정할 때 매우 중요하다.

| 원산지 | 원산지country of origin는 판매나 구매하고자 하는 물품의 주 생산지를 말한다. 원산지에 따라 수출이나 수입이 제한 혹은 금지되거나, 관세율이나 쿼터 적용이 다른 경우가 있다. 그러므로 원산지는 반드시 명기되어야 한다.

| 수량과 단위 | 나라마다 관습이 다르고 수량과 단위quantity & unit 또한 각기 다르다. 그러므로 수량을 표시하는 개수 · 무게 · 길이 · 용적은 명확하게 기재해야 한다.

| 단가와 금액 | 단가와 금액unit price & amount은 명확하게 표시해야 한다. 단가를 표시할 때는 화폐 단위와 사용 국가를 정확

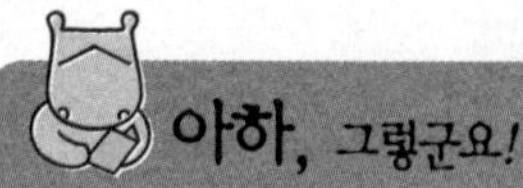

달러($, dollar)는 미국뿐만 아니라 다른 나라에서도 많이 사용한다. 따라서 그냥 $만 표기하는 것보다 U$(미국 달러), S$(싱가포르 달러), HK$(홍콩 달러)와 같이 구별하는 것이 좋다.

히 기재하고, 가격조건별 가격을 제시해야 한다. 또한 수량과 단가를 곱한 금액을 정확히 기재해야 한다.

| 발행일과 유효기간 | 일반적으로 오퍼는 발행일offer date로부터 유효기간validity까지만 효력이 있다. 오퍼의 유효기간은 가격 변동을 감안하여 신중하게 설정해야 하며, 공급자의 입장에서는 가능한 짧게 설정하는 것이 좋다.

| 선적시기 | 수출업자는 물품을 어느 항구에서 어떤 가격조건으로 언제까지 선적할 것인가 하는 선적시기date of shipment를 명시해야 한다. 선적기간 내에 선적하지 못하면 중요한 계약위반이 된다. 수출업자의 입장에서 계약조건에 도착시기를 명기하는 것은 피해야 한다. 선적 이후에 발생하는 문제까지 수출업자가 책임지는 건 위험하기 때문이다.

| 포장조건 | 물품을 어떤 종류의 포장으로 하느냐에 따라, 또 같은 품질의 물품이라도 몇 개씩 포장하느냐에 따라 가격에 상당한 차이가 난다. 따라서 포장조건packing terms은 구체적으로 표시해야 하고, 가급적이면 하인shipping mark, cargo mark도 명시

하는 것이 좋다. 이것은 개별 포장의 라면과 5개 혹은 10개씩 묶은 라면의 가격이 다른 것과 같은 이치이다.

| 대금결제조건 |　　같은 물품이라도 현금이냐 외상이냐에 따라 또는 신용장의 개설 여부에 따라 단가 차이가 난다. 따라서 대금결제조건payment terms은 명확히 표시해야 한다.

| 보험조건 |　　가격조건에 따라 보험 가입 여부가 결정되고, 손해보상의 범위에 따라 보험료가 달라진다. 따라서 보험조건insurance terms을 명확히 표시해야 한다.

| 오퍼 발행자와 상대방 이름 |　　오퍼 발행자(청약자, offerer)와 상대방(피청약자, offeree)의 이름을 명확하게 표시해야 한다.

위에 서술한 일반적인 사항 외에도 참조번호reference no., 물품번호item no. 등 필요한 사항과 발행자가 특별히 요구하는 조건을 추가로 기재할 수 있다.

■■■ 승낙

승낙acceptance이란 오퍼 발행자가 제시한 오퍼 내용대로 계약

Nansei industrial Co.,Ltd
I.P.O. BOX NO. 140
Tokyo, Japan

Cable Address
"CONEYKUN TOKYO"
Telephone (241)3790

OFFER SHEET
(No. 1234)

Date *January 10. 20 × ×*
Your Ref. No.
Our Ref. No.

Messrs *Korea Knit Co., Ltd, Seoul, Korea IPO BOX 4889*

Gentlemen:

We have the pleasure to offer you the following merchandise on the terms and conditions hereunder mentioned subject to reply hereby......

Subject to our final confirmation.

Sample No. (Code-Word)	Commodity & Description	Unit Price	Quantity	Amount (Remarks)
TRANSISTOR PORTABLE S-500 TAPERECORDER 4 Transistor, 1 Diode with earphone, microphone. battery, carrying leather case. (Details as per catalog subwitted)		*CIF Inchon Per Set U$ 280.00*	*200 Sets*	*US Doller 56,000.00*

Packing : *In Iron hooped wooden case containing 50 sets each.*
Validity : *March 31, 20 × ×*
Shipment : *March 31, 20 × × subject to your order received before February 15, 20 × ×*
Payment : *By an irrevocable, confirmed L/C at sight to be opened in our favor immediately after our confirmation of sale.*
Others : *Ocean freight prepaid; Insurance to be covered by shipper on WA 3%, and war risk*

Yours very truly.
Nansei Industrial. Co., Ltd.
(signed)
Tanaka Kakuei
Expart Director

을 성립시킨다는, 상대방의 동의에 대한 확정적 의사표시이다. 승낙에는 어떠한 조건이나 제약이 있어서도 안 되며, 조건부승낙은 반대오퍼가 된다. 모든 매매계약은 한쪽의 오퍼에 대해 상대방의 승낙이 있어야 비로소 유효하게 성립된다. 승낙은 오퍼에 정해진 방법에 따라 진행하고, 정해진 방법이 없는 경우에는 가능한 한 신속하게 처리하면 된다.

꼭 기억해두세요!

오퍼는 거래를 원하는 사람이 거래조건을 요약하여 제시하는 의사표시이다.
수출업자가 판매를 위해 발행한 오퍼를 판매오퍼, 수입업자가 구매를 위해 발행한 오퍼를 구매오퍼라 한다.
승낙은 오퍼 발행자가 제시한 오퍼 내용대로 계약을 성립시킨다는, 상대방의 동의에 대한 확정적 의사표시이다.

무역계약을 체결하라

무역계약은 서로 다른 국가의 매매 당사자에 의해 체결된 국제 물품매매계약이다. 수출업자가 수입업자에게 물품의 소유권을 넘겨주고 물품을 인도할 것을 약속하면, 수입업자는 이를 인수한 후 대금을 지급할 것을 약정하는 계약이다. 대부분 무역거래는 물품매매를 목적으로 하므로, 무역계약이라 하면 대개 국제물품매매계약을 지칭한다. 최근에는 국제거래의 대상이 물품은 물론이고 기술, 각종 서비스, 자본, 해외건설과 플랜트 등으로 다양화되고 있다. 따라서 넓은 뜻의 무역계약은 국제물품매매계약뿐만 아니라 판매점계약이나 대리점계약, 차관계약, 국제라이슨싱계약, 국제합작투자계약, 국제입찰, 건설공사계약, 플랜트수출계약 등 모든 국제계약을 포괄하는 개념으로 사용된다.

■■■ 무역계약에는 어떤 것이 있나

개별계약

개별계약case by case contract은 특정 품목을 거래할 때마다 그때그때 구체적인 거래조건에 대해 합의하는 방식으로 체결되는 계약을 말한다. 따라서 품목이 인도되고 대금이 결제되면 계약이 종료되고 당사자 쌍방은 더 이상 계약조건에 얽매이지 않아도 된다.

포괄계약

동일한 당사자 간에 같은 품목을 자주 거래하는 경우에는 매번 거래조건에 대해 합의하고 이를 문서화하는 절차가 번거롭다. 이런 경우에는 일반적인 거래조건에 대해 포괄적인 합의를 담은 계약서를 작성하고, 필요할 때마다 선적하는 방식의 포괄계약master contract을 체결하면 편리하다.

독점계약

독점계약exclusive contract은 포괄계약의 특수한 형태로, 특정 품목의 수출입에서 수출업자는 수입국의 지정된 수입업자 이외의 다른 수입업자에게 같은 품목을 공급하지 않으며, 수입업자는 다른 수출업자의 품목은 취급하지 않는다는 조건으로 이루어지는 독점판매계약이다. 이 경우 당사자 쌍방은 계약관계를 안정적으로 유지하기 위해 일반 계약에 비해 까다로운 의무를 부담하는 것

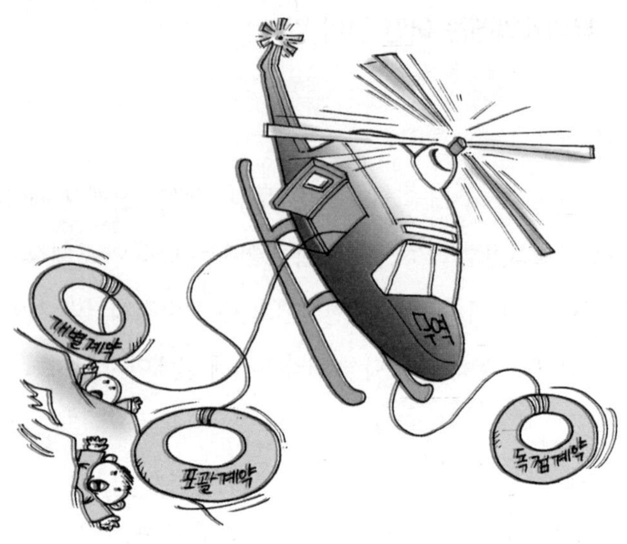

이 보통이다. 그 중 독점 수입업자는 일정 기간 동안 특정한 금액
만큼의 물품을 반드시 구매해야 한다는 의무를 갖는다.

■■■ 무역계약 체결

수출업자와 수입업자가 상호 승낙을 통해 무역계약이 성립되면
무역계약서 혹은 매매계약서sales contract를 작성해야 한다. 무역
환경은 언제 어떻게 바뀔지 알 수 없으므로, 무역계약은 일반 국
내계약보다 훨씬 신중하게 체결해야 한다.

무역계약은 오퍼와 승낙을 통한 당사자 간의 합의에 의해 성립

되므로 계약서의 작성이 반드시 필요한 것은 아니다. 그러나 후일 분쟁이 야기될 소지가 많으므로, 매매 당사자 간에 무역계약의 조건을 명확히 해둘 필요가 있다. 또한 이를 문서화하여 서명한 매매계약서를 상호 교환하여 보관해두는 것이 좋다.

▪▪▪ 매매계약서를 작성하는 방법

무역계약은 요식이 없는 계약으로 별도의 정해진 형식이 필요한 것은 아니다. 그러나 수출입절차의 모든 단계에서 거래 사실을 확인하기 위해 또는 분쟁을 예방하거나 신속히 해결하기 위해서 다양한 거래조건에 대해 당사자 합의를 명문화하고 이를 확인하는 서명을 담은 계약서를 작성하는 것이 바람직하다.

계약서를 작성하는 방법에는 오퍼시트에 의한 방법, 판매서에 의한 방법, 구매주문서에 의한 방법, 일반계약서나 각서에 의한 방법 등이 있다.

오퍼시트에 의한 방법

오퍼시트offer sheet, 즉 물품매도확약서에는 계약 체결에 필요한 주요 거래조건이 기재되어 있다. 따라서 별도의 계약서를 작성하지 않고 물품매도확약서를 그대로 계약서로 이용하면 된다. 이 경우 수출업자가 발행한 오퍼시트에 수입업자가 승낙의 표시로 서명한 후 이를 각자 한 통씩 보관한다.

판매서에 의한 방법

판매서sales note는 수출업자가 작성하여 수입업자에게 보내는 특정 물품의 판매서이다. 수출업자가 당사자 간에 합의된 거래조건을 모두 포함한 판매서 두 통을 작성하여 정식으로 서명한 후 수입업자에게 보낸다. 수입업자는 이를 검토하여 이의가 없으면 서명을 한 후 한 통은 자신이 보관하고, 나머지 한 통은 다시 수출업자에게 보낸다. 수출업자의 오퍼에 대해 수입업자가 수락의 표시로 주문을 하면, 수출업자가 이를 다시 한 번 확인하는 형태로 수입업자에게 보내기 때문에 '주문확인서confirmation of order'라고도 부른다.

구매주문서에 의한 방법

구매주문서purchase order는 작성 주체가 수출업자가 아니라 수입업자라는 점만 다를 뿐, 계약서의 내용이나 형식은 판매서와 유사하다. 수입업자가 자신이 필요로 하는 물품의 구매조건을 모두 포함한 구매주문서 두 통을 작성하여 정식으로 서명한 후 수출업자에게 보낸다. 수출업자가 이를 검토하여 이의가 없으면 서명을 한 후 한 통은 자신이 보관하고 나머지 한 통은 다시 수입업자에게 보내면 계약이 체결된다. 원본을 보내지 않고 팩스로 보낸 사본으로도 계약이 성사된다.

일반계약서나 각서에 의한 방법

일반계약서sales agreement나 각서memorandum에 의한 방법은 매매 당사자가 한곳에 모여 모든 매매조건에 대해 구체적으로 합의한 후, 이를 정식 계약서로 작성하여 당사자 쌍방이 서명한 후 한 통씩 보관한다. 이 방법은 한 번에 끝나는 것이 아니라 지속적인 거래관계를 개설하고자 할 경우에 자주 이용된다.

꼭 기억해두세요!

무역계약은, 거래할 때마다 거래조건에 대해 합의하는 개별계약, 동일한 당사자 간에 같은 품목을 자주 거래하는 경우 포괄적으로 합의하는 포괄계약, 지정된 업자 이외의 다른 사람과는 거래하지 않는다는 독점계약이 있다.
매매계약서를 작성하는 방법에는 오퍼시트에 의한 방법, 판매서에 의한 방법, 구매주문서에 의한 방법, 일반계약서나 각서에 의한 방법 등이 있다.

황금 알을 낳는 거위는 없다

무역업자는 이 세상에 황금 알을 낳는 거위처럼 바로 돈이 되는 품목은 없다는 점을 명심해야 한다. 대중매체를 통해 창업에 성공했다고 알려진 사람들을 관심 있게 살펴보면 성공의 이면에 엄청난 노력과 고생이 있었음을 알 수 있다. 사람들은 그들이 돈 되는 품목을 찾아 자신의 것으로 만들기까지의 노고는 간과한 채 결과만을 본다. 그러나 세상은 그렇게 만만하지 않으며 황금 알을 낳는 거위는 결코 없다.

쉽게 돈이 되는 품목을 남들보다 먼저 찾아 자신의 것으로 만든다면 얼마나 좋을까. 하지만 그것은 불가능한 일이다. 그것은 돈 되는 품목이라는 사실을 아느냐 모르느냐가 아니라, 잘할 수 있느냐 없느냐의 문제이기 때문에 능동적인 노력과 능력이 따라야 한다. 노력하지 않고 능력도 없다면 설령 돈 되는 품목이 내 손에 들어왔더라도 금방 남에게 빼앗기게 된다. 경쟁이 얼마나 치열한 시대인가.

정확한 의미로 보자면 돈 되는 품목이란 틀린 말이다. 돈을 벌 수 있는 품목이란 말이 옳다. 그런 품목은 멀리에서 찾을 것이 아니라 자신의 주변에서부터 찾아야 하며, 일단 품목을 선택하면 돈이 될 때까지 우직하게 그 품목만 좇아야 한다.

무역거래조건을 모르면 장사가 안 된다

　　실질적으로 무역업무를 수행하는 데 필요한 지식, 곧 무역제도와 무역거래, 그리고 거래 품목·시장·거래처를 발굴하는 것에 대해 알아보았다. 이제 본격적으로 무역업무를 시작해야 한다. 무역계약을 체결할 때에는 구두로 해도 되지만, 혹시 발생할 수 있는 문제를 미연에 방지하기 위해 거래조건을 문서 형태로 남겨두는 것이 좋다. 이 과정에서 참고해야 할 것이 바로 무역거래조건을 정리한 인코텀즈이다. 무역비용을 분석하여 견적을 내고, 물품대금을 어떻게 받을지 정하며, 무역 과정에서 생기는 위험에 대비하는 것은 매우 중요하다. 이번 마당에서는 무역거래조건에 대해 알아보자.

무역거래조건이란 무엇인가

　무역거래조건은 무역계약 체결의 필수 사항으로 거래 당사자가 반드시 지켜야 하는 약속이다. 따라서 어느 한쪽이 조건을 지키지 않으면 다른 한쪽은 계약을 해지하거나 손해배상을 청구할 수 있다.

　무역계약의 내용과 당사자의 의무 등을 구성하는 무역거래조건은 여러 가지로 분류할 수 있다. 우선 계약서에 명문화된 명시조건과, 계약서에는 나타나 있지 않으나 당연히 지켜져야 하는 묵시조건으로 구분된다. 또한 거래 실정에 맞게 그때그때 합의해야 하는 개별거래조건과, 당사자들의 모든 거래에 공통적으로 널리 적용되는 일반거래조건으로 구분되기도 한다.

　품질, 수량, 가격, 운송, 보험, 대금결제 등의 개별거래조건은 통상 계약서의 앞면에 기재된다. 이에 비해 매매 당사자의 기본

의무, 물품의 검사, 클레임 제기방법 및 시기, 불가항력, 중재 및 분쟁의 해결, 준거법 등에 관한 일반거래조건은 대부분 계약서의 뒷면에 인쇄된다. 뒷면에 있다고 가볍게 보아 넘겨서는 안 된다. 분쟁이 발생할 경우에는 오히려 이면약관에 해당하는 일반거래조건이 더욱 중요하게 다루어지는 경우가 많다. 따라서 무역거래 당사자들은 계약을 체결할 때 계약 이행에 필수적인 조건들에 대해 신중하게 검토한 후 계약서에 반영해야 한다.

꼭 기억해두세요!

무역계약에서 반드시 약정해야 할 거래조건을 무역거래조건이라 하며, 명시조건과 묵시조건, 개별거래조건과 일반거래조건으로 구분된다.

품질조건이란 무엇인가

무역계약에서 당사자 간 분쟁이 가장 잦은 분야가 품질문제이다. 그러므로 무역계약을 체결하기 위해 무엇보다 먼저 품질의 결정방법·결정시기·증명방법 등에 대한 합의가 선행되어야 한다.

■■■ 품질을 결정하는 방법

물품에 따라 품질을 결정하는 방법도 다양하다. 대체로 다음과 같은 방법이 품질결정기준으로 많이 이용된다.

견본매매

견본매매sales by sample는 거래 물품의 품질을 제시된 견본에 의해 약정하는 방법이다. 거래 당사자가 제시한 견본과 같은 품질의 물품을 인도하도록 약정하며, 오늘날 무역거래에서 널리 이용되고 있다. 일반적으로 견본매매를 선택할 경우 수출업자는 향후 조회나 분쟁 발생 시 입증을 위해 동일한 견본품 세 개를 준비해두어야 한다. 이는 수입업자에게 발송하는 'Original Sample', 다른 한 개는 수출업자 자신이 보존하는 'Duplicate Sample', 또 다른 하나는 물품공급자 보존용인 'Triplicate Sample'로 사용하기 위해서이다.

점검매매

점검매매sales by inspection는 수입업자가 거래 물품을 현지에서 직접 확인한 후 매매계약을 체결하는 방법이다. 이 방법은 보세창고도거래(bonded warehouse transaction ; BWT), 물품인도방식(cash on delivery ; COD)에서 많이 사용된다. 수입업자가 직접 점검하고 구매하는 방식을 취하므로 분쟁 발생의 가능성이 낮다.

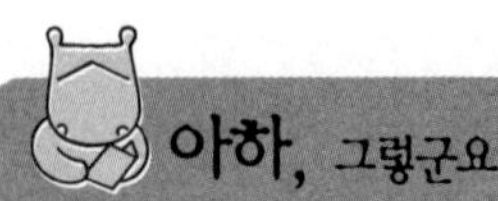

실무에서 품질 수준을 명시할 때 '견본과 완전히 일치하는 것'이라는 표현보다 '대체로 견본과 비슷한 것'이라는 부드러운 표현을 사용하는 것이 좋다.

표준품매매

공산품과 달리 농수산물이나 광

물은 일정한 규격이 없어 품질을 약정하기 어렵다. 따라서 일정한 표준품standard을 제시하여 대체로 그와 유사한 수준의 품질을 인도함으로써 거래가 이루어진다. 이러한 품질결정방법을 표준품매매sales by standard라 한다. 표준품매매의 품질표시방법에는 평균중등품질조건, 판매적격품질조건, 보통품질조건이 있다.

| 평균중등품질조건 |　　평균중등품질조건(fair average quality ; FAQ)은 거래 물품의 품질을 산출지의 해당 계절 출하품 중 평균적인 중등의 품질로 한다는 조건이다. 이 조건은 흔히 곡물·과실·면화·차 등 농산물 거래와 광산물 거래에서 주로 이용되며, 표준품매매에서 가장 보편적으로 사용된다.

| 판매적격품질조건 |　　판매적격품질조건(good merchantable quality ; GMQ)은 수출업자가 도착지에서 수입업자에게 물품을 인도할 때 물품의 품질이 판매가 가능한 판매적성을 지닌 것임을 보증하는 조건이다. 목재나 냉동어류 등 부패되어도 외관상으로 구별하기 어려운 물품 거래에 많이 쓰인다.

| 보통품질조건 |　　보통품질조건(usual standard quality ; USQ)은 주로 원면 거래에 이용되는 품질조건으로, 공인검사기관이나 공인표준기관에 의해 인정된 보통품질을 표준품의 품질로 결정한다.

명세서매매

선박이나 기계류 등은 견본이나 상표만으로는 품질을 결정하기 힘들다. 이러한 경우에는 물품의 재료·구조·성능·규격 등을 상세히 알려주는 명세서·설명서·청사진·도해목록 등을 품질결정 기준으로 삼는다. 이를 '명세서매매sales by specification'라 한다.

상표매매

세계적으로 널리 알려진 물품은 견본 없이 상표나 브랜드만으로 품질 수준을 표시하여 거래하기도 하는데, 이를 '상표매매sales by trade mark'라 한다. 코카콜라Coca Cola, 파커Parker 만년필, 나이키Nike 스포츠화 등 이른바 범세계적 물품의 거래 시 이용된다.

규격매매

물품의 품질이 세계적으로 널리 알려진 품질인증기관이나 수출국의 법적 규정에 의해 정해진 경우에는 이를 기준으로 매매가 이루어진다. 이를 '규격매매sales by type'라 한다. 원면·양모·석유 등 원산지에 따라 품질 수준이 다른 물품과 함유 성분에 따라 가격이 좌우되는 광산물에 적용된다.

▪▪▪ 품질을 결정하는 시기

무역거래는 국내거래보다 운송기간이 길고 경로가 복잡하여 품질의 변화 가능성이 높다. 이에 따라 물품을 운송하는 도중에 기후·온도·습도 등에 따른 품질의 변화로 인해, 거래 당사자 사이에 분쟁이 발생할 수 있다. 선적할 때와 양륙할 때의 품질이 다를 경우에는 어느 시점의 품질 상태가 약정한 품질 수준을 충족하는지 사전에 협의해야 한다. 품질결정시기에 적용되는 조건에는 다음과 같은 것이 있다.

일반물품의 품질결정시기

| 선적품질조건 |　　인도된 물품의 품질이 선적할 때 약정된 품질과 일치하면 그 후의 변질에 대해서는 수출업자가 책임지지 않는 조건을 '선적품질조건shipped quality terms' 이라 한다. 일반 공산품에 널리 이용되며, 선적지인도조건인 FOB 조건, CIF 조건 등이 여기에 해당된다.

| 양륙품질조건 |　　인도된 물품의 품질이 양륙할 때 계약상의 품질과 일치해야 하며, 운송 도중에 발생한 물품의 변질에 대해서는 수출업자가 책임지는 조건을 '양륙품질조건landed quality terms' 이라 한다. 도착지인도조건인 지정 장소 국경인도조건(delivered at place ; DAP), 도착터미널인도조건(delivered at terminal ; DAT),

목적지관세지급인도조건(delivered duty paid ; DDP) 등이 여기에
해당된다.

농산물의 품질결정시기

농산물의 거래 시 선적할 때와 양륙할 때의 품질이 불일치할 경
우 누가 책임져야 하는지 결정하는 특수한 조건이 있다.

|Tale Quale Terms(T.Q)| 물품을 선적할 때까지 발생하는
물품의 변질로 인한 손해를 수출업자가 책임지는 선적품질조건을
'Tale Quale Terms(T.Q)'라 한다.

|Rye Terms(R.T)| 양륙하는 도중에 발생하는 물품의 변질로
인한 손해를 수출업자가 변상하는 양륙품질조건을 'Rye
Terms(R.T)'라 한다. 이 조건은 호밀rye거래에 서 통용되고 있다.

|Sea Damaged Terms(S.D)| 해상운송 도중에 발생하는 해
수·비·증기 등으로 인한 물품의 변질을 수출업자가 책임지는
조건부 선적품질조건을 'Sea Damaged Terms(S.D)'라 한다. 이
는 선적품질조건과 양륙품질조건을 절충한 조건이다.

▪▪▪■ 품질을 증명하는 방법

농산물이나 일부 천연산물의 경우 품질입증은 공공기관, 관련 조합이나 협회, 물품별 전문검사기관의 검사에 의해 증명하기도 한다.

품질증명방법에는 수출업자의 자체검사에 의한 검사합격증을 기준으로 하는 경우와, 로이즈보험업자협회Lloyd's Underwriters Association나 SGS, BV와 같이 국제적으로 공신력 있는 품질검사기관에서 발급하는 품질분석증명서Certificate of Quality and Analysis에 의한 방법이 있다. 품질과 관련한 분쟁 발생 시 물품의 품질이 계약 체결 당시 합의한 조건과 일치함을 증명할 의무는 품질결정시기에 따라 달라진다. 즉, 선적품질조건의 경우에는 수출업자가 품질의 계약적합성 여부를 입증해야 하지만, 양륙품질조건의 경우에는 수입업자가 이러한 입증책임을 지게 된다.

꼭 기억해두세요!

품질결정방법에는 견본매매, 점검매매, 표준품매매, 명세서매매, 상표매매, 규격매매 등이 있다.
품질결정시기는 선적 시 약정된 품질과 일치하면 이후의 책임을 묻지 않는 선적품질조건과, 양륙할 때 약정된 품질과 일치해야 하는 양륙품질조건이 있다.

수량조건이란 무엇인가

품질에 대한 합의가 이루어진 다음에는 인도수량이 당사자들의 관심사로 대두된다. 품질과 마찬가지로 수량에서도 수량의 단위 · 결정시기 · 증명방법 등이 합의되어야 한다. 이 밖에 계약수량과 실제 인도수량에 차이가 있는 경우, 많거나 적은 것을 어떻게 처리할 것인가에 대해서도 사전에 충분한 논의가 필요하다.

■■■ 수량의 단위

수량의 단위란 거래량의 기준을 무엇으로 할 것인지에 관한 것이다. 수량의 단위에는 중량weight, 길이length, 용적measurement, 포장package, 개수number가 주로 활용된다. 이러한 수량의 단위는 물품의 성질과 각국의 도량형에 따라 차이가 있으므로 각별한 주의가 필요하다. 빈번하게 사용되는 중요한 단위에는 다음과 같은 것들이 있다.

- 중량 — 톤ton, 피컬picul, lb/lbs(파운드), 온스ounce
- 길이 — 미터meter, 피트(feet, 1ft = 12inch), 야드(yard, 1yd = 3ft)
- 용적 — S.F.(super foot, 1S.F. = 1square feet × 1inch)
  Measurement Ton(1M/T = 40cubic feet)
- 포장 — 베일bale, 케이스case, 드럼drum 케그keg
- 개수 — 피스(piece, pc), 다스(dozen, dz), 그로스gross

주의해야 할 점은 나라마다 오랫동안 이어온 상관습의 차이로 인해 도량형 단위가 천차만별이라는 사실이다. 예를 들어, 같은 톤이라도 영국식 톤, 미국식 톤, 미터법에 의한 톤에는 상당한 차이가 있다.

- English Ton(long ton) = 2,240lbs
- American Ton(short ton) = 2,000lbs
- Kilo Ton(metric ton) = 1,000kgs ≒ 2,204lbs

특히 중량의 경우에는 측정할 때 포장의 무게를 포함하느냐의 여부에 따라 수량이 달라지는 점에 유의해야 한다. 중량의 측정방법으로 다음과 같은 것들이 있다.

- 총 중량gross weight — 물품을 포장한 상태의 중량, 즉 포장 무게를 모두 합친 총 무게
- 순 중량net weight — 포장 무게를 제외한 순 물품의 중량
- 법적 중량legal weight — 물품의 겉포장 무게는 제외하고 소매 당시의 포장 무게는 포함한 중량

■ ■ ■ 수량을 결정하는 시기

품질조건처럼 수량조건에서도 구체적으로 어느 시점에 수량을 확인하여 계약한 수량과 일치하는지 결정한다. 일반적으로 수량 결정시기는 다음의 두 가지 중 하나를 선택한다.

선적수량조건

선적할 때 검량한 결과에 따라 인도한 수량이 약정한 수량과 일치하는지 판정하며, 운송 도중에 발생한 감량에 대해서는 수출업자가 책임지지 않는 조건을 '선적수량조건shipped quantity terms'이라 한다. 일반적으로 FOB 조건, CIF 조건 등이 여기에 해당된다.

양륙수량조건

양륙할 때 검량한 결과에 따라 인도한 수량이 계약에 적합한지

판정하는 조건으로, 운송 도중의 감량에 대해서 수출업자가 책임
지는 조건을 '양륙수량조건landed quantity terms' 이라 한다. 일
반적으로 DEP 조건, DAT 조건 등이 여기에 해당되며, 곡물 · 수
산물 · 화공약품 등의 거래 시 자주 적용된다.

■■■ 수량을 증명하는 방법

수량증명방법은 수량결정시기와 직결된다. 선적수량조건은 수
량입증책임이 수출업자에게 있으므로, 수출업자는 권위 있는 공
인검사기관으로부터 중량용적증명서를 발급받아 수입업자에게
제공해야 한다. 이에 비해 양륙수량조건은 수량입증책임이 수입
업자에게 있다. 그러므로 수입업자는 인도한 물품의 수량이 약정
한 바와 다르면 양륙지의 공인검량인에게 수량 검량을 의뢰하고
중량용적증명서를 발급받아, 수출업자에게 발송하여 손해배상을
청구해야 한다. 경우에 따라서는 수입업자가 수입국의 세관검사
를 활용하여 수량을 증명하기도 한다.

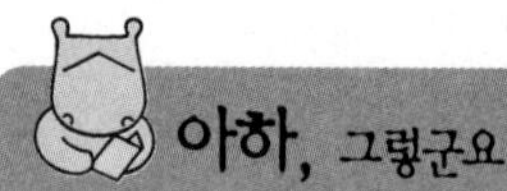

산적화물

선적화물은 취급상 벌크화물, 잡화 general cargo, 특수화물special cargo, 위험품, 귀중품, 부패성 화물로 구분된다. 이 중에 산적화물은 포장되지 않는 화물로, 곡물·석탄·광석·유황 등과 같은 물품, 목재·갱목·신탄, 선철·강철 등의 중량화물, 증기기관차·트랙터 등의 특수화물로 세분할 수 있다.

■■■ 과부족용인조항

일반물품은 일정한 포장단위로, 개별 품목은 정확히 약정한 대로 인도하면 된다. 그러나 곡류나 광산물과 같이 포장하지 않은 상태로 거래하는 산적화물bulk cargo의 경우에는 정확한 수량으로 공급하는 것이 사실상 불가능하다. 이에 따라 산적화물을 거래할 경우에는 일정량의 수량 부족이나 초과를 인정해주는 것이 국제상관행이다. 이것을 '과부족용인조항(more or less clause ; M/L clause)' 이라 한다.

수량의 단위란 거래량의 기준을 무엇으로 할 것인지에 관한 것으로, 중량·길이·용적·포장·개수가 주로 활용된다.
곡류나 광산물 등의 산적화물의 거래 시 일정량의 수량 부족이나 초과를 인정해주는 제도를 '과부족용인조항' 이라 한다.

가격조건이란 무엇인가

인터넷쇼핑몰에서 물품을 살 때 배송비가 포함되었는지 확인하는 것처럼 무역에서도 가격조건을 확인한다. 가격조건은 수출업자가 제시한 물품의 단가와 수출입과 관련된 당사자 간의 비용 부담을 나타내는 여러 가지 조건을 말한다. 물품의 단가, 매매가격의 산출근거, 매매가격의 표시통화 등이 포함된다.

■■■ 매매가격은 어떻게 산출되는가

무역에서 매매가격을 산정하는 것은 수익과 직결되는 사안이므로 매우 중요하다. 물품의 단가는 물품의 제조원가와 영업비, 그리고 이윤을 포함시켜 산정한다. 여기에 수출입 과정에서 발생하는 여러 가지 비용을 포함시키면 매매가격이 결정된다.

수출입 과정에서 발생하는 부대비용에는 다음과 같은 것이 있다.

- 포장비
- 각종 검사 · 증명서 발급비와 인허가비용
- 수출국 내의 선적항까지 내륙수송비
- 수출항의 장치장 사용료
- 수출통관비용
- 선적 · 적재 · 적부비용
- 해상운임
- 보험료
- 도착항 양하비용
- 수입통관비와 관세
- 수입국 내의 목적지까지 내륙운송비
- 그 밖에 수출입에 수반되는 이자와 환비용
- 각종 은행수수료
- 여러 가지 영업비용 또는 잡비

이러한 비용 가운데 수출업자가 부담해야 하는 부분과 수입업자가 부담해야 하는 부분이 무엇인지에 따라 매매가격이 달라진다. 그러나 거래 당사자가 거래할 때마다 이런 점을 고려하여 계약서에 일일이 정하는 것은 매우 번거롭고 불편하다. 따라서 실무에서는 인코텀즈Incoterms에 따라 매매가격을 결정한다.

쉽게 알자! 무역실무

■■■■ 매매가격을 표시하는 통화

무역거래 시 어떤 통화를 사용할 것인지 거래 당사자 간에 약정해야 한다. 무역거래에 사용되는 통화는 안정성stability, 교환성convertibility, 유동성liquidity을 고려하여 결정해야 한다. 외국환관리를 실시하고 있는 국가는 대부분 지정된 통화를 사용하고 있다. 따라서 무역거래에서는 지정된 통화 중 환위험이 적고 유동성이 높은 통화를 선정하는 것이 바람직하다.

아하, 그렇군요!

인코텀즈
국제적인 물품매매계약에서 사용되는 무역거래조건을 해석하는 국제적인 표준규칙으로, 11개의 거래조건별로 수출업자와 수입업자 간 운송계약과 선하증권 등 선적서류의 교부에 관한 의무 등을 총 10개의 조항으로 기술하고 있다.

꼭 기억해두세요!

가격조건은 수출업자가 제시한 물품의 단가와 수출입과 관련된 당사자 간의 비용 부담을 나타내는 여러 가지 조건을 말하며, 물품의 단가, 매매가격의 산출근거, 매매가격의 표시통화 등이 포함된다.

포장조건이란 무엇인가

포장은 물품의 보호와 판매촉진이라는 두 가지 목적을 위해 한다. 쉽게 말해서 물품을 안전하게 보호하여 상품으로서의 가치를 유지하기 위해 포장을 하는 것이다. 멀리 떨어져 있는 국가와 국가 사이의 물품 운송을 전제로 하는 무역에서 포장은 오랜 항해에 견뎌낼 수 있는 내항성, 포장 자체의 비용 또는 포장의 무게로 인한 운임 부담을 최소화할 수 있는 경제성, 계약한 물품을 차질 없이 목적지까지 인도하거나 다른 물품과 구분되어 사용자의 구매 의욕을 불러일으킬 수 있는 식별성 등의 요건을 갖추어야 한다. 이와 관련하여 포장조건에서는 포장단위, 포장의 종류, 하인 등이 문제가 된다.

■■■■ 포장의 단위

포장은 재질과 단계에 따라 여러 가지 종류가 있다. 포장단계에 따라 포장은 개장·내장·외장으로 구분할 수 있다.

- 개장unitary packing — 물품을 최소 소매단위의 낱개로 포장한 것
- 내장interior packing — 낱개로 포장된 물품을 수송이나 취급하기 편리하도록 일정한 양을 묶어 다시 포장한 것
- 외장outer packing — 수송 도중에 물품의 변질·파손·도난·유실 등을 방지하고 하역에 편리하도록 몇 개의 내장을 목재나 골판지 상자 등으로 최종적으로 다시 포장한 것

외장은 물품의 단위화를 고려해야 하는데, 해상운송이나 복합운송의 경우에는 컨테이너나 팔레트, 항공운송의 경우 단위탑재용기(unit load device ; ULD)를 사용한다.

■■■■ 포장의 종류는 어떤 것이 있나

일반적으로 가벼운 물품의 경우에는 종이상자carton를 사용하여 포장하는데, 물품에 따라 상자·베일·부대·통·특수용기를 사용하기도 한다. 자동차, 건설중장비, 목재, 모래 등 화물의 종류에 따라 포장하지 않고 선적하기도 한다.

■■■ 하인

운송관계자나 수입업자가 계약한 물품을 손쉽게 식별하고 취급할 수 있도록 외부 포장에 표시한 여러 가지 표시를 통틀어 '하인shipping mark, cargo mark'이라 한다. 하인에는 주하인, 부하인, 화물번호, 원산지표시, 목적항표시, 중량표시, 주의표시 등이 있다.

주하인

주하인main mark은 다른 물품과 식별하기 쉽도록 외장에 특정한 기호, 즉 삼각형·다이아몬드·마름모·타원형 등의 표시를 하고 그 안에 상호의 약자를 기입하는 것을 말한다. 경우에 따라서 문자나 숫자만으로 된 주하인도 있다.

부하인

부하인sub mark, counter mark은 주하인만으로 다른 물품과 식별하기 힘들 때 주하인을 보조하여 생산자나 공급자의 약자를 표시하는 것을 말한다.

화물번호

화물번호case number란 포장물이 여러 개일 때 각각의 포장이 총 개수 중 몇 번째에 해당되는지 식별하기 위해 표시한 번호를 말한다.

원산지표시

원산지표시country of origin란 해당 물품의 생산국을 표시하는 것으로, 우리나라가 원산지이면 'Made in Korea'라고 표시한다.

목적항표시

목적항표시port mark란 물품의 선적과 양륙 작업을 쉽게 하고, 물품이 오송되는 것을 방지하기 위해 목적항이나 경유항을 표시하는 것을 말한다. 물품의 경유지가 두 개소 이상일 경우에는 'Manilla via Hong Kong'과 같이 표시하고, 해로와 육로를 경유하게 될 경우에는 'New York overland via San Francisco' 혹은 'Cicago overland via Seattle'이라 표시한다. 또 도착항에서 다른 지방으로 수송될 경우에는 'Hong Kong in transit'과 같이 표시한다.

품질·중량표시

품질·중량표시quality mark, weight mark는 물품의 품질이나 등급을 기호로 표시하고, 운임계산·통관·하역작업을 용이하게 하기 위해 물품의 순 중량과 총 중량을 표시하는 것을 말한다. 경우에 따라 용적을 표시하기도 한다.

주의표시

　주의표시care mark는 물품의 취급 시 주의사항을 표시하는 것으로, 보통 포장의 측면에 표시한다.

꼭 기억해두세요!

무역에서 포장은 오랜 항해에 견뎌내는 내항성, 포장 자체의 비용이나 포장무게로 인한 운임 부담을 최소화하는 경제성, 계약한 물품을 차질 없이 목적지까지 인도하거나 다른 물품과 구분되어 사용자의 구매의욕을 불러일으킬 수 있는 식별성 등의 요건을 갖추어야 한다.

선적조건이란 무엇인가

선적shipment은 수출업자가 수입업자에게 물품을 인도하기 위해 운송수단에 적재하거나, 운송기관이나 운송인에게 전달하는 행위를 말한다. 선적이란 용어에는 본선적재loading on board, 발송dispatch, 수탁taking in charge, 운송을 위한 수령accepted for carriage, 우편수령post receipt, 집배pick-up 등의 표현이 포함되어 있다. 이것을 운송서류별로 표현하면 다음과 같다.

- 해상선하증권, 비유통해상화물운송장, 용선계약부선하증권 — 본선적재
- 항공운송서류 — 운송을 위한 수령
- 도로 · 철도 · 내수로 운송서류 — 수취선하증권
- 복합운송서류 — 본선적재, 발송, 수탁

• 특사수령증, 우편수령증 — 집배, 우편수령

■■■ 선적시기

특정 일 지정

가장 많이 사용되는 방법으로, 계약서나 신용장 상에 선적기일을 표기한다. 예를 들어, 'June 30'라고 표기되어 있으면 6월 30일까지 선적하면 된다.

특정 월 지정

특정한 월을 선적기일로 지정하며, 한달조건과 여러달조건이 있다. 한달조건은 'June Shipment'나 'Shipment during june'과 같이 표시되며, 지정한 달 이내에 선적하는 것을 의미한다. 예를 들어, 'Shipment shall be made during April'이라고 표기된 경우에는 4월 1일부터 4월 30일까지 선적하면 된다. 여러달조건은 'May-July Shipment'나 'Shipment during May, June, July'와 같이 표시된다. 예를 들어, 'Shipment shall be made during March and April'이라고 표시된 경우에는 3월 1일부터 4월 30일까지 선적하면 된다.

구체적인 선적시기와 일시선적 · 분할선적의 선택도 대개 수출업자가 담당해야 하지만, 수입업자가 선적횟수와 1회의 선적수량

에 대해 특약을 하는 경우 수입업
자의 몫이 된다.

조건부 선적기일 지정

선적기일을 특정한 조건이 이행
되는 시점을 기준으로 하여 정한
다. 'Shipment within 30 days
after receipt of L/C,' 'Shipment
within 60 days after contract,'
'Shipment within 10 days after
obtaining export license,' 등과
같이 표시된다.

즉시 선적조건

특정 월이나 기일로 명시하지
않고 막연히 가급적 빠른 시일 내
에 선적할 것을 조건으로 계약을
체결하는 방식이다. 'prompt shi-
pment,' 'immediate shipment,'
'shipment as soon as possible' 등으로 표시된다.

신용장거래에서 이러한 표현이 사용될 경우 과거에는 신용장
개설 후 30일 이내에 선적하면 되는 것으로 간주되었으나, 1993

UCP(Uniform Customs and Practice for Documentary Credits, 화환신용장에 관한 통일규칙 및 관행)는 신용장에 선적기일과 관련하여 다음과 같은 표현이 나올 때 해석기준을 명시하고 있다.

- 기일과 관련하여 'to', 'until', 'till' 등의 용어를 사용한 경우 — 언급한 특정 일자를 포함한다. 예) to March 10.
- 기일과 관련하여 'from', 'after', 'before' 등의 용어를 사용한 경우 — 언급한 특정 일자를 제외한다. 예) after March 10.
- 기간과 관련하여 'first half of a month', 'second half of a month' 등의 용어를 사용한 경우 — 언급한 특정 월의 15일까지, 언급한 특정 월의 마지막 날까지를 의미한다. 예) first half of March.
- 기간과 관련하여 'beginning of a month', 'middle of a month', 'end of a month'의 용어를 사용한 경우 — 언급한 특정 월의 10일까지, 언급한 특정 월의 20일까지, 언급한 특정 월의 마지막 날까지를 의미한다. 예) beginning of March.

년 제5차 개정 신용장통일규칙에서는 은행이 이를 무시하도록 규
정하고 있다.

▪▪■ 선적지연과 선적불이행

수출업자의 고의나 과실, 태만 등에 의한 선적지연과 선적불이
행은 수출업자가 책임을 져야 한다. 그러나 천재지변 · 파업 · 전
쟁 · 수출금지 등 불가항력이나 기타 수출업자가 통제할 수 없는
사유에 의한 선적지연은 면책될 수 있다. 이를 명확히 하기 위해서
는 계약서에 다음과 같은 불가항력조항을 삽입해두는 것이 좋다.

> **불가항력조항** : 판매자는 정부의 명령, 규정, 법령, 천재지변, 전쟁, 항구폐
> 쇄, 폭동, 이동 혹은 판매자의 통제력을 넘어서는 환경적 요인으로 인해
> 계약의 불이행 또는 지연이 발생하는 경우 책임을 지지 않는다.

▪▪■ 분할선적

분할선적partial shipment이란 물품을 한 번에 선적하지 않고 2
회 이상으로 나누어 다른 항로를 이용하거나 다른 운송수단에 선
적하는 것을 말한다. 신용장에 따로 규정되어 있지 않는 한 분할

선적은 허용된다.

분할선적은 운송방법에 따라 다음과 같은 점을 주의해야 한다.

같은 운송수단으로 물품을 운송하는 경우

같은 항로를 따라 같은 운송수단으로 운송하고 운송서류가 같은 목적지를 명시하면, 운송서류의 발행일이 다르거나 선적항·수탁지·발송지가 다르더라도 분할선적으로 간주하지 않는다.

우편으로 물품을 운송하는 경우

같은 장소, 같은 날짜에 물품을 발송한 경우에는 여러 장의 우편수령증이나 특사수령증을 발행했더라도 분할선적으로 간주하지 않는다. 우편으로 물품을 운송할 경우에는 개당 중량이나 용적이 제한되어 있으므로, 일반적으로 여러 개로 나누어 포장한 후 포장단위별로 우편수령증을 발행한다. 따라서 이러한 경우에도 분할선적으로 간주하지 않는다.

■ ■ ■ 할부선적

할부선적installment shipment이란 일정한 기간 이내에 일정한 수량을 선적하는 것을 의미한다. 할부선적에서는 다음과 같은 점에 주의해야 한다.

- 9월에 철강 2M/T을 선적했으나 10월에 3M/T을 선적하지 못했다면 10월분의 신용장은 물론 11월분의 신용장도 효력을 상실한다.
- 할부선적분에 대해서는 분할선적을 할 수 없다. 가령, 9월 선적분 2M/T를 각각 1M/T으로 나누어 분할선적을 할 수 없다.

■■■ 환적

환적transhipment이란 선적항에서 양륙항까지 운송하는 도중에 한 운송수단에서 다른 운송수단으로 옮겨 싣는 것을 의미한다. 신용장에 환적을 허용한다는 명시적인 문구가 없으면 환적이 금지되는 것으로 해석한다. 그러나 하나의 해상선하증권이 전체 해상운송구간에 해당하는 경우에는 신용장에서 환적을 금지하지 않는 한 환적이 허용된다.

신용장에서 환적을 금지하더라도 은행은 다음과 같은 운송서류를 수리한다.

해상선하증권, 비유통해상화물운송장

전 해상운송구간이 하나의 동일한 선하증권에 해당되는 경우 물품이 컨테이너, 트레일러, 래쉬선(lighter aboard ship ; LASH)에 선적되면서 환적될 것이라고 명시되어 있거나, 운송인이 환적할 권리를 보유한다고 명시한 조항이 삽입되어 있는 경우이다.

항공운송서류

전 운송구간이 하나의 동일한 항공운송서류에 해당되는 경우 물품이 환적될 것이다, 또는 될 수 있다고 명시되어 있는 것을 말한다.

도로, 철도, 내수로 운송서류

전 운송구간이 동일한 운송방식으로 하나의 동일한 운송서류에 해당되는 경우 물품이 환적될 것이다, 또는 될 수 있다고 명시되어 있는 것을 말한다.

복합운송서류

해당 물품이 환적될 것이다, 또는 될 수 있다고 명시되어 있는 것을 말한다. 육해 혹은 육해공을 경유해야 최종 목적지에 도착하는 경우 복합운송에서 환적은 불가피하게 발생한다. 그러므로 복합운송은 컨테이너를 사용하여 환적에 따른 위험을 감소시킨다.

래쉬선

화물을 적재한 부선을 본선에 설치된 기중기로 선상에 올려놓을 수 있는 구조를 가진 선박을 말한다. 부선을 선박에 탑재하여 수송할 수 있는 래쉬방식의 경우는 수심이 낮은 하천이나 운하를 경유하여 내륙 오지까지 운송할 수 있다. 또한 암벽 등의 항만시설 또는 컨테이너 전용부두가 없는 개발도상국의 항에도 운송할 수 있다.

■■■ 선적기일의 발행일자를 계산하는 방법

해상선하증권, 비유통해상화물운송장, 용선계약부선하증권

본선적재일이 선적기일이 된다. 선박회사가 수출업자에게 수취선하증권을 발행한 경우에는 선장이 확인한 선적부기를 별도로 받아야 하며, 이 선적부기의 표기일이 선적기일이 된다. 컨테이너를 이용하여 해상운송을 하는 경우에는 화물을 컨테이너에 적입한 후 컨테이너야드(container yard ; CY)의 선적 대기장소로 이동할 때 컨테이너 오퍼레이터가 발행하는 부두수취증의 발행일이 선적기일이 된다.

항공운송서류

수출업자가 항공회사에 화물을 인도한 후 항공회사가 수출업자에게 발행하는 항공화물운송장의 발행일이 선적기일이 된다. 신용장에서 실제 발송일을 요구하는 경우에는 항공운송서류에 표기한 발송일이 선적기일이 된다.

도로 · 철도 · 내수로 운송서류

운송서류를 수령한 날짜가 선적기일이 된다. 운송서류에 수령한 날짜가 없는 경우에는 그 발행일이 선적기일이 된다.

■■■ 선적기일의 연장

신용장의 유효기일이나 서류제시기일이 은행의 휴업일과 일치
하여 연장될 경우에는 이로 인해 선적기일이 연장되지 않는다.

꼭 기억해두세요!

선적이란 수출업자가 수입업자에게 물품을 인도하기 위해 운송수단에 적재하거
나, 운송기관이나 운송인에게 전달하는 행위이다.
물품을 한 번에 선적하지 않고 2회 이상으로 나누어 다른 항로를 이용하거나 또
는 다른 운송수단에 선적하는 것을 분할선적이라 한다.
선적항에서 양륙항까지 운송하는 도중에 한 운송수단에서 다른 운송수단으로 옮
겨 싣는 것을 환적이라 한다.

보험조건과 대금결제조건이란 무엇인가

■■■ 보험조건

물품을 운송하는 도중에 발생하는 손해를 보상받기 위해서는 반드시 적하보험에 가입해야 한다. 거래 당사자가 계약을 체결할 때 보험조건에 포함시켜야 할 주요 내용으로는 보험계약자와 피보험자, 보험자의 담보위험범위, 손해보상범위 등이 있다.

보험계약자와 피보험자

보험계약자insurance policy holder는 보험계약을 체결하고 자신의 명의로 보험료를 부담하는 사람이다. 피보험자insured는 담보위험으로 인해 손해가 발생한 경우 보험금을 받는 사람이다. 일

반적으로 보험계약자가 피보험자가 되지만 그렇지 않은 경우도
있다. 인코텀즈에서 CIF 조건과 CIP조건은 수출업자가 자신의 부
담하에 보험에 가입한 후 보험증권을 수입업자에게 제공해야 한
다. 따라서 이 두 가지 조건에서는 보험계약자가 수출업자이고 피
보험자는 수입업자가 된다.

보험자의 위험담보범위

해상위험의 경우 보험자(보험회
사)는 원인이나 사정에 관계없이
모든 위험을 담보하기보다 일정한
범위 내에서만 담보한다. 즉, 보험
자가 해상보험계약에 따라 통상적
으로 담보하는 담보위험, 특약에
의해 담보하는 특약담보위험, 그
리고 보험계약으로 담보하지 않는
면책위험이 있다.

보험자가 책임을 지지 않는 면책사
항은 다음과 같다.
- 피보험자의 고의적인 불법행위로
  인한 손해
- 피보험목적물 고유의 하자 또는
  성질로 인한 손해
- 통상의 누손 · 파손 또는 자연소모
  로 인한 손해
- 지연으로 인한 손해
- 화물의 포장불량으로 인한 손해
- 전쟁 · 동맹파업 · 폭동 · 소요 등으
  로 인한 손해

손해보상범위

손해보상범위란 담보위험조건에 따른 손해보상의 범위를 말한
다. 기본적인 손해보상범위는 런던보험자협회가 제정한 협회적하
약관에 기재되어 있다. 협회적하약관에는 구약관과 신약관이 있
으며, 현재는 두 가지 모두 통용되고 있다.

| 구협회적하약관의 보험조건별 담보범위 | 단독해손부담보조건 (free from particular average ; FPA)은 일반적으로 단독해손을 담보하지 않지만 특정한 위험으로 인한 단독해손은 담보한다.

단독해손담보조건(with average ; WA)은 FPA 조건에서 담보하는 단독해손 이외에 악천후로 인한 단독해손을 담보한다.

전위험담보조건(all risk ; AR)은 보험자의 면책사항 이외의 모든 외부적 · 우발적 원인으로 인한 손해를 보상한다. 위험담보의 원칙은 FPA 조건과 WA 조건이 열거책임주의를 채택하고 있는 데 비해 AR 조건은 포괄담보주의를 채택하고 있다.

| 신협회적하약관의 보험조건별 담보범위 | FPA 조건과 ICC(C) 조건의 차이는, 선적 · 환적 · 양하작업 중 추락으로 인해 발생한 포장단위당 손해에 대해 FPA 조건에서는 담보되나 ICC(C) 조건에서는 담보되지 않는 데 있다.

WA 조건과 ICC(B) 조건의 차이는, ICC(B) 조건에는 악천후라는 용어가 삭제되고 갑판유실 및 해수 · 호수 · 강물의 유입이라는 구체적인 위험을 규정하고 있으며 또한 지진 · 분화 · 낙뢰를 담보위험으로 규정하고 있다는 것이다.

AR 조건과 ICC(A) 조건의 차이는, 두 조건의 담보범위는 모든 외부적 · 우발적 원인으로 인한 손해를 보상하는 것으로 같다고 볼 수 있지만, 그러나 ICC(A) 조건이 AR 조건보다 면책위험을 보다 구체적으로 명시하고 있다는 것이 다르다.

▪ ▪ ▪ 대금결제조건

무역에서 수출업자의 가장 큰 관심사는 매매계약에 따라 물품을 인도하고자 하는데, 과연 수입업자가 대금을 지급할 것인가이다. 이에 비해 수입업자는 매매계약에 따라 물품대금을 지급하고자 하는데, 과연 수출업자가 물품을 인도할 것인지 궁금하게 생각한다.

무역계약의 체결 시 대금결제조건payment terms은 선적조건과 더불어 가장 중요한 조건이라 할 수 있다. 모든 무역계약에서 물품대금의 지급은 대금지급시기, 대금지급방식, 대금지급장소, 지불통화로 구체화된다. 법률상으로 대금지급의 다양한 방법은 이러한 네 가지 요소의 변형과 조합으로 표현한다. 결제조건에 대해서는 뒤에서 자세히 다루기로 한다.

무역거래 당사자가 계약을 체결할 때 보험조건에 포함시켜야 할 주요 내용으로는 보험계약자와 피보험자, 보험자의 담보위험범위, 손해보상범위 등이 있다.
무역계약의 체결 시 물품대금의 지급은 대금지급시기, 대금지급방식, 대금지급장소, 지불통화로 구체화된다.

인코텀즈란 무엇인가

무역은 쌍무계약에 의한 거래로서 수출업자와 수입업자가 여러 가지 의무를 부담한다. 다양한 거래 당사자의 의무를 계약할 때마다 일일이 열거한다면 실무적으로 너무 복잡하고 비효율적일 것이다. 또한 국가나 지역에 따라 각기 다른 상관습과 실정법 체계로 인해 거래조건이 통일되지 않으면, 큰 혼란이 초래될 뿐만 아니라 국가 간 무역분쟁의 원인이 될 수 있다.

필요는 발명의 어머니라고 했던가? 무역거래상의 분쟁요소를 없애고 국제무역의 확대를 도모하기 위해 제네바에 본부를 둔 국제상업회의소(International Chamber of Commerce ; ICC)는 1936년 무역거래에 관한 관습과 용어를 통일시켜, 무역거래의 표준이라 할 만한 '정형거래조건의 해석에 관한 규칙(International Rules for the Interpretation of Trade Terms)을 최초로 제정했다. 이것이 바로 인코텀즈(International Commercial Terms ; INCOTERMS)이다. 그 후 1953년, 1967년, 1976년, 1980년, 1990년, 2000년에 개정된 후, 'Incoterms 2010'으로 개정되고, 2010년 9월 27일 공표되어 2011년 1월 1일부로 발효되었다.

국제적인 물품매매계약에서 적용되는 무역거래의 표준조건인 인코텀즈는 누가 어느 선까지 비용을 부담하고, 위험을 책임질 것인가를 정해 이것을 계약서를 통해 명문화하여 분쟁을 예방하는 것을 목적으로 한다.

인코텀즈의 적용범위

인코텀즈 2000에서는 다음과 같이 적용범위를 규정하고 있다.

첫째, 인코텀즈는 거래하는 물품을 컴퓨터 소프트웨어와 같은 무형재를 취급하지 않고 유형재만을 대상으로 한다.

둘째, 인코텀즈는 거래하는 물품의 인도에 관해 계약 당사자의 권리와 의무에 관련된 사항, 즉 물품의 매매계약과 관련된 수출업자와 수입업자 간의 관계만을 취급한다. 따라서 기타 매매계약과 관련된 운송ㆍ보험ㆍ금융계약에 관해서는 적용되지 않는다.

셋째, 인코텀즈는 수출업자의 물품인도의무와 수입업자의 대금지급의무를 다루고 있다. 또한 계약 당사자 간의 위험과 비용의 분담을 취급하고 있다. 나아가 물품의 수출입통관, 상대방에게의 통지의무, 물품 검사의무 등을 규정하고 있다.

넷째, 인코텀즈는 매매계약에 따른 소유권의 이전, 계약위반, 권리구제 등은 다루지 않는다.

인코텀즈 2000의 구성

인코텀즈 2000은 인도 지점을 기준으로 13개 조건으로 구성되어 있으며, 이들을 업무상 식별하기 쉽게 4개의 그룹으로 분류했다. 즉, 출하지인도조건의 그룹 E(EXW), 운송비미지급인도조건의 그룹 F(FCA, FAS, FOB), 운송비지급인도조건의 그룹 C(CFR, CIF, CPT, CIP), 도착지인도조건의 그룹 D(DAF, DES, DEQ, DDU, DDP)로 나누어져 있다.

- 그룹 E — 수출업자는 자신의 영업장 내에서 수입업자에게 물품을 인도한다.
- 그룹 F — 수출업자는 수입업자가 지정한 운송인에게 물품을 인도한다.
- 그룹 C — 수출업자는 운송계약과 보험계약을 체결한 후 운송비와 보험료를 지불하지만, 선적하고 발송한 후 발생하는 위험과 추가비용은 부담하지 않는다.
- 그룹 D — 수출업자는 물품이 도착지까지 이동하는 데 따른 위험과 비용을 부담한다.

앞에서 뒤로 갈수록 수출가격과 수출업자의 부담이 커진다. 가장 빈번하게 사용되는 것은 선적항까지 비용을 포함하는 FOB 조건, 목적항까지 운송비를 포함하는 CFR 조건과 여기에 운송보험료가 포함된 CIF 조건이다.

■ ■ ■ INCOTERMS 2000에 따른 13가지 거래조건

공장인도조건

공장인도조건(ex works ; EXW)는 인코텀즈의 13가지 거래조건 중 수출업자의 비용과 위험 부담이 가장 적다. 라틴어로 '밖'을 뜻하는 'EX'와 'Work(공장, 작업장, 창고)'의 줄임말로, 물품을 수출업자의 영업장 내에서 수입업자에게 인도한다. 별도의 합의가 없는 한 수출업자는 수입업자가 제공한 운송수단에 물품을 적재하거나 수출물품을 통관할 책임이 없다. 수출업자가 수입업자에게 제공해야 할 서류는 상업송장, 포장명세서, 품질·수량증명서 등의 기본 서류이며, 물품인도의 예정시기에 대해 수입업자에게 미리 통지를 해야 한다.

이 조건은 수출국의 법규에 따라 수입업자가 직·간접으로 수출에 따른 행정절차를 밟을 수 없을 경우에는 적용할 수 없다. 무역에서 흔히 쓰이는 Ex loco, EX(point of origin), on spot, FOB origin, Ex Factory(공장), Ex Mill(제철소), Ex Mine(광산), Ex Plantation(농장), Ex Store(상점)도 역시 같은 조건이다.

운송인인도조건

운송인인도조건(free carrier ; FCA)는 수출업자가 지정한 장소에서 수입업자가 지명한 운송인에게 수출통관이 완료된 물품을 인도하는 조건이다. 수출업자의 시설에서 물품을 인도하는 경우에는 수출업자가 수입업자의 차량에 물품을 적재할 의무를 부담한다. 그 외의 장소에서 물품을 인도하는 경우에는 수입업자가 수출업자의 차량으로부터 물품을 양하하는 의무를 진다. 수출업자는 수출통관이 된 물품을 수입업자가 지정한 운송인에게 인도해야 하며, 수입업자가 물품의 인수를 위해 운송인 이외의 자를 지명한 경우에는 그 사람에게 물품을 인도할 때 수출업자의 물품인도의무를 이행한 것으로 간주한다.

선측인도조건

선측인도조건(free alongside ship ; FAS)는 수출업자가 지정된 선적항의 부두 위나 본선의 옆에서 물품을 인도하는 조건으로, 수출승인과 수출통관 등의 절차는 수출업자가 이행해야 한다. 물품을 해상이나 내수로를 통해 운송할 경우에만 적용되며, 특히 원맥·원목·원사 등 선적비용이 많이 드는 대량의 벌크화물에 주로 사용된다.

본선인도조건

본선인도조건(free on board ; FOB)는 물품을 본선의 갑판에 적

재함과 동시에 수출업자의 책임이
면제되는 조건이다. 우리나라 업
체들이 해외로 물품을 수출할 때
주로 이용하며, 수출항에서부터
수입항까지 항해할 본선의 난간에
화물이 선적될 때까지의 비용과
위험은 수출업자가 부담한다. 선
적이 완료됨과 동시에 물품의 소

CIF & C
CIF 가격에 중개업자에게 제공하는 수수료를 포함한 가격조건으로, 해외 대리점의 중개로 진행되는 위탁 판매거래 시 적용된다.
CIF Landed
CIF 가격에 수입항에서의 양륙비가 포함된다.

유권은 수입업자에게 귀속된다. 목재 · 철강 · 석탄 등과 같이 크레인을 통해 선적되는 화물에 적용되며, 해상운송이나 내륙수로 운송에만 적용할 수 있다. 당사자가 본선의 난간을 거쳐서 물품을 인도하지 않는 경우에는 FCA 조건을 적용해야 한다.

운송비포함인도조건

운송비포함인도조건(cost and freight ; CFR)은 물품을 본선의 갑판에 적재함과 동시에 수출업자의 책임이 면제된다는 점에서 FOB 조건과 같지만, FOB 조건과 달리 지정된 목적항까지 물품을 운송하는 데 드는 비용과 운송료를 수출업자가 부담한다. 해상운송이나 내륙수로운송에만 적용되며, 수출업자는 수출할 물품의 통관절차를 이행해야 한다. 당사자가 본선의 난간을 거쳐서 물품을 인도할 의도가 없는 경우에는 CPT 조건을 적용해야 한다.

운송비보험료포함인도조건

운송비보험료포함인도조건(cost, insurance and freight ; CIF)는 선적항에서 본선에 물품의 선적을 완료할 때까지 소요된 모든 비용(C)인 FOB 가격에, 목적항까지의 해상보험료(marine insurance premium ; I)와 해상운임(ocean freight ; F)의 비용을 가산한 조건을 말한다.

운송비지급인도조건

운송비지급인도조건(carriage paid to ; CPT)는 수출업자가 운송인에게 물품을 인도할 때까지의 모든 비용이 포함된 FCA 조건에 목적지에 도착할 때까지 운송비를 더한 조건이다. 수출업자는 수출할 물품의 통관절차를 이행한 후 수출통관이 완료된 물품을 자신이 지명한 운송인에게 인도할 의무가 있다. 물품이 인도된 후 발생하는 모든 위험은 수입업자가 부담한다.

운송비보험료지급인도조건

운송비보험료지급인도조건(carriage and insurance paid to ; CIP)은 수출업자가 자신이 지명한 운송인에게 물품을 인도한 후 지정된 목적지까지 물품을 운송하는 데 소요된 운송비를 지급하고, 보험에 가입하는 조건이다. 이 조건은 복합운송 시 사용한다는 점에서 CPT 조건과 유사하지만, CPT 조건과 달리 수출업자가 수입업자를 위해 적하보험에 가입하고 보험료를 지급해야 한다.

국경인도조건

국경인도조건(delivered at frontier ; DAF)는 수출업자가 수출통관이 완료된 물품을 지정된 국경의 장소에서 수입업자가 임의로 처분할 수 있도록 인도를 완료한 때 물품인도의무가 완료되는 조건이다. 여기서 국경은 수출국의 국경을 포함하여 어느 국경에 대해서도 쓰이는 개념이다. 철도운송이나 도로운송 시 주로 사용된다.

착선인도조건

착선인도조건(delivered ex ship ; DES)는 물품을 수입통관이 완료되지 않은 상태로 지정된 목적항의 본선에서 수입업자의 임의처분하에 인도할 때 물품인도의무가 완료되는 조건이다. 물품을 지정된 목적항까지 운송하는 데 소요되는 모든 비용과 위험은 수출업자가 부담한다. 물품을 본선에서 인도하기 때문에 해상운송이나 내륙수로운송에서만 적용된다.

부두인도조건

부두인도조건(delivered ex quay ; DEQ)는 물품을 수입통관이 완료되지 않은 상태로 지정된 목적항의 부두에서 수입업자의 임의처분하에 인도할 때 수출업자의 물품인도의무가 완료되는 조건이다. 수출업자는 지정된 목적항까지 물품을 운반하고 부두 내에서 물품을 양륙하는 데 소요되는 비용과 위험을 부담한다.

BWT(bonded warehouse transact-ion, 보세창고인도조건)
수입항의 부두에 양륙된 수입물품을 수입절차와 수입통관절차를 취하지 않은 상태로 일단 수입항 부두에 있는 보세창고(bonded wareho-use)에 입고시킨 다음, 보세창고에서 수입업자에게 인도할 때까지의 모든 비용과 위험을 수출업자가 부담한다.

관세미지급인도조건

관세미지급인도조건(delivered duty unpaid ; DDU)는 물품을 수입국 내의 지정된 장소에서 수입업자가 임의처분할 수 있도록 인도할 때 수출업자의 물품인도의무가 완료되는 조건이다. 물품을 수입통관을 하지 않은 채 수입국 내의 보세장치장과 같은 지정된 장소까지 반입하는 데 소요되는 일체의 비용과 위험은 수출업자가 부담하며, 수입관세와 기타 수입에 따른 세금은 제외된다. BWT의 가격조건이다.

관세지급인도조건

관세지급인도조건(delivered duty paid ; DDP)는 DDU 조건과 마찬가지로, 물품을 수입국 내의 지정된 장소에서 수입업자가 임의처분할 수 있도록 인도한 때 수출업자의 물품인도의무가 완료되는 조건이다. DDU 조건과 달리 수출업자가 수입에 따른 관세와 세금, 목적지까지의 물품인도비용과 위험을 모두 부담한다. 수입통관도 수출업자가 거쳐야 한다. 따라서 수출업자가 직·간접적으로 수입허가를 취득하지 못할 경우에는 사용할 수 없다. EXW 조건과 정반대되며, D 그룹 조건 중 가장 많이 이용된다.

인코텀즈 2010의 대표적 개정사항

2010 신개정은 통합에 따라 하나의 경제권이 된 EU와 미국의 상거래 관행을 반영하고 운송조건을 간편화하였다.

인코텀즈 2000의 13가지 정형거래조건 중 DAF·DES·DDU의 조건을 폐지하여 DAP 조건으로 통합하였고 DEQ 조건을 폐지하여 DAP(Delivered At Place) 조건으로 통합하였고, DEQ 조건을 DAT(Delivered At Terminal) 조건으로 발전시켜 총 11가지로 감소되었다.

이 11가지 거래 조건을 두 부류로 나누었다. 해상, 항공, 육상, 복합 운송 등 '어떤 단일 또는 복수의 운송방식에도 사용가능한 규칙'으로 해상 운송(전용) 조건에 FAS, FOB, CFR, CIF 4가지다.

터미널 인도조건DAT은 물품이 목적지에서 운송수단에서 내려져 지정 터미널에 하역된 상태로 인도하는 조건으로 선박이 일반적인 운송 수단이 된다. 지정장소 인도조건(DAP)은 물품이 목적지에서 운송수단에 실린채 하역준비된 상태로 인도하는 조건이다. 이 두 조건과 관세 인도지급조건DDU은 목적지까지 매도인이 수출상의 책임을 져야 하므로 신용장 조건에서 별로 사용되지 않는다.

FCA·CPT·CIP 등 운송방식 불문조건을 강조한 것은 CY 또는 CFS에서 운송인에 물품을 인도하는 컨테이너 운송에 대해 FOB·CFR·CIF 거래조건이 관행적으로 많이 쓰이어 위험 부담의 분기점과 적하보험 적용 시점의 혼동이 발생하는 문제를 해결코자 함이다.

또한 국내 거래 및 국제거래에 모두 쓰이게 하였고 인코텀즈 2000의 FOB·CFR·CIF 거래조건에서 위험의 분기점으로 사용되었던 '본선 난간(ship's rail)'을 쓰지 않고 '선상 적재(vessel on the board)'를 도입하여 실무상 분쟁을 줄이고자 하였다. 즉, 화물이 본선 난간을 통과할 때까지 수출상이 위험을 부담하는 것의 애매함을 피하고 출발항의 선박에 화물이 적재될 때까지 수출상의 위험을 부담한다고 정의한 것이다.

인코텀즈 2010은 개정전과 같이 매수인의 대금지급방법, 계약의 성립, 의무위반에 대한 구제, 물품의 소유권 이전에 관하여 다루지 않기 때문에 그 자체로 매매규범으로는 부족하며 국제물품매매협약(CISG; Contracts for the International Sales for Goods) 및 계약 관련 국내법을 함께 활용하여야 한다.

조건	그룹명		가격조건		내 용	수출통관	수입통관	비용분기점	위험분기점
선적지인도(수출국인도)	E그룹	출발지인도조건	EXW	Ex Works 공장인도조건	수출업자의 장소에서 인도	×	×	공장	공장
	F그룹	운송비미지급인도조건	FCA	Free Carrier 운송인인도조건	수입업자의 운송인에게 인도	○	×	운송인 장소	운송인 장소
			FAS	Free Alongside Ship 선측인도조건	선적항 내, 배 옆에서 인도	○	×	선적항 배 옆	선적항 배 옆
			FOB	Free On Board 본선인도조건	선적항 내에서 본선적재시 인도	○	×	선적항 본선 적재	선적항 본선 적재
	C그룹	운송비지급인도조건	CFR	Cost and Freight 운송비포함인도조건	FOB + 운송비	○	×	목적항	선적항 본선 적재
			CIF	Cost, Insurance and Freight 운송비보험료포함인도조건	CFR + 해상보험료	○	×	목적항	선적항 본선 적재
			CPT	Carriage and Paid to 운송비지급인도조건	CFR의 복합운송화	○	×	목적지	운송인 인도
			CIP	Carriage and Insurance Paid to 운송비보험료지급인도조건	CIF의 복합운송화 + 운송보험료	○	×	목적지	운송인 인도

조건	그룹명		가격조건	내 용	수출 통관	수입 통관	비용 분기점	위험 분기점
양륙지인도(수입국인도)	D 그룹	도착지 인도 조건	DAT Delivered At Terminal 터미널인도조건	수입국 내 지정터미널에서 수입업자에 인도	○	×	터미널	수입국 터미널
			DAP Delivered At Place 지정장소 인도조건	수입국 내 지정 장소에서 수입업자에 인도	○	×	지정 장소	수입국 지정 장소
			DDP Delivered Duty Paid 관세지급 인도조건	수입국 내 지정 장소에서 관세납부 후 인도	○	○	수입국 지정 장소	수입국 지정 장소

꼭 기억해두세요!

무역거래상의 분쟁요소를 없애고 국제무역의 확대를 도모하기 위해 무역거래에 관한 관습과 용어를 통일시킨 무역거래의 표준규칙을 인코텀즈라고 한다.

인코텀즈 2010은 인도 지점을 기준으로 출하지인도조건의 그룹 E, 운송비미지급인도조건의 그룹 F, 운송비지급인도조건의 그룹 C, 도착지인도조건의 그룹 D 의 11개 조건으로 구성되어 있다.

외교관 지망생이 무역인으로……

필자는 중학교 3학년 때부터 외교관이 되려고 마음먹었다. 까까머리 소년의 눈에는 연미복을 입고 파티에 참석하고, 며칠 동안의 협상을 끝내고 서명하며 악수하는 외교관이 무척 근사해보였다. 그래서 고등학교 3년 내내 영어에만 매달렸다. 대학에서는 국제정치학을 전공했다. 대학을 졸업하고는 곧바로 종합상사에 입사했다.

3년간의 회사생활은 내내 즐거웠다. 주말마다 여가생활을 즐기지는 못했지만 밀린 팩스에 답하고, 업무를 정리하며, 가끔 신문도 보고, 생각을 가다듬었던 시간들이 그다지 나쁘지 않았다. 지구촌 정반대에 있는 남미의 바이어와 밤새도록 팩스를 주고받으며 협상을 하고 동틀 무렵 거래에 성공했을 때의 환희는 지금도 잊을 수가 없다.

요즘에는 무역업도 전문분야라는 생각이 든다. 한때 영어로 이메일과 팩스를 작성하고, 바이어를 접대하는 일은 누구나 할 수 있다고 생각한 적이 있었다. 그러나 시장과 사람, 공장과 상품을 이해하고 해석하며, 상도덕의 범위 내에서 유연하게 협상하는 일을 제대로 하는 사람은 생각보다 많지 않다. 그렇다면 나는 잘해왔는가? 이 질문에 대해 만족스러운 대답을 할 수 없지만, 무역이 무엇인지는 이제 조금 알 것 같다.

내일은 한 번도 가보지 못한 곳으로 출장을 간다. 벌써부터 가슴이 설레인다. 이것이 바로 무역의 묘미가 아닐까. 비행기 안에서 그 나라의 인사말이라도 익혀둬야겠다. 비록 외교관은 아니지만 무역인으로서, 나와 우리 회사와 우리나라를 대표하여 고객을 만나러 가는 것이다.

수출비용을 분석하여 견적을 산출하라

수출가격을 산출해보자

주요 비용을 파악해보자

부대비용을 분석해보자

은행수수료를 계산해보자

운송비용을 산출해보자

수출조건별로 견적을 산출해보자

생산의 핵심 노하우가 기술이라면, 장사꾼의 핵심 노하우는 무엇일까? 각종 비용을 분석하여 정확한 견적을 산출한 다음 자신의 이윤을 제대로 챙기는 게 노하우 아닐까.

이번 마당에서 무역거래조건별로 각종 비용을 분석한 후 수출견적을 산출해보자. 우리나라에서 발생하는 수출비용을 정확하게 이해할 수 있을 때 해외 수출업자의 비용도 쉽게 파악할 수 있다. 세세한 차이가 있지만 근본적인 논리는 같기 때문이다. 제품을 직접 생산하거나 생산된 제품을 구매한 후 포장하고, 내륙운송을 하고, 수출통관을 거치고, 적하보험에 가입하는 등의 수출절차는 국가별로 매우 유사하다.

수출가격을 산출해보자

수출과정에서 발생하는 비용과 이를 포함하는 가격조건을 정확하게 파악해야, 가격 산정과 수입업자와의 흥정 과정에서 발생하는 착오로 인한 손실을 줄일 수 있다.

일반적으로 수출가격은 다음과 같이 구성된다.

공장도가격 + 내륙운송비 + 검사비 + 통관수수료 + 하역비 +
해상운송비 + 해상보험료 + 은행비용
= 원가총액 + 수출업자의 이윤
= 수출가격

　수출가격은 판매원가와 판매가격을 기준으로 책정할 수 있다. 여기서 다루는 수출가격의 견적산출법은 고전적인 형태로, 판매원가가산방식과 판매가격기준방식이다.

　판매원가가산방식은 판매원가의 총액에 이익을 더한 값을 수출가격으로 책정한다. 이 방법은 수출업자와 판매업자 중심의 가격체계로, 가격 산정에 필요한 모든 원가요소를 쉽게 파악할 수 있다. 이에 비해 판매가격기준방식은 목표시장에서의 판매가격을

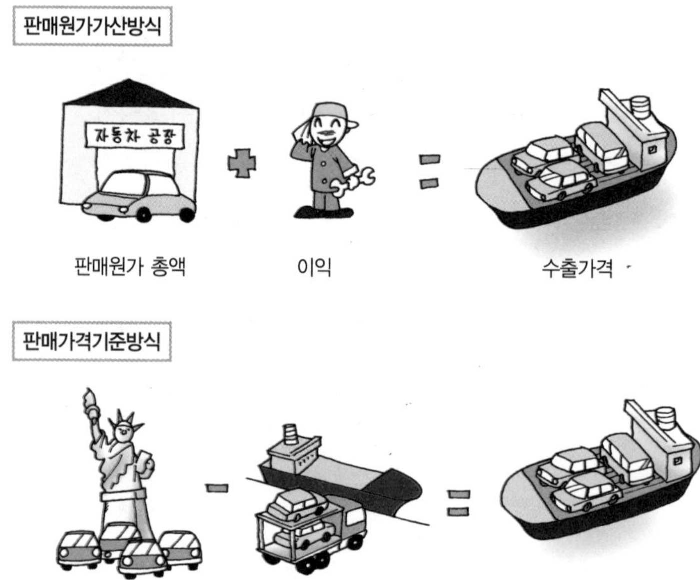

책정한 후 그 가격에서 각종 비용을 차감한 값을 수출가격으로 책정한다. 이 방법은 수입업자와 구매자 중심의 가격체계로, 수입국의 세금체계와 통관비용 등을 파악하여야 한다. 수입국의 독점수입업자를 통한 브랜드 제품의 가격 결정 시 많이 쓰인다.

가령, 한 회사에서 신규시장에 진출하고자 시장조사를 한 결과 경쟁제품의 판매가격이 1백 원이었다고 하자. 이 회사는 경쟁제품과 10%의 가격 차이를 두어 90원을 판매가격으로 책정했다. 이 90원에서 수입통관비용을 비롯한 수입과 관련된 세금, 창고료 등의 판매비용과 수입업자의 마진을 차감하면 수입항의 도착가격(CIF)이 산출된다. 판매가격기준방식은 이익률이 높은 대기업 제품이나, 특허를 받거나 독점생산을 하는 제품의 판매에 적합하며, 이윤이 많지 않은 일반 무역에서는 적합하지 않다. 여기서는 판매원가가산방식만 설명한다.

▪▪▪ 판매원가가산방식의 예

무역에서는 매출액이나 판매가격을 기준으로 이익률을 결정한다는 점을 명확히 인식해야 한다. 왜냐하면 비용 분석과 견적 산출에 실패하면 이윤이 생기는 거래가 불가능하기 때문이다. 일상생활에서 말하는 이익률의 개념, 즉 '얼마에 사서 얼마를 남겼다.'라는 것은 시장에서 장사하는 사람들이 사용하는 방식이다.

가령, 1백 원에 산 물건을 2백 원에 팔아 1백 원의 이익을 얻은 경우, 이익 1백 원을 원가 100으로 나누면 100% 남긴 것이 된다. 또 1백 원에 산 물건을 3백 원에 팔고 2백 원의 이익을 얻은 경우, 이익 2백 원을 원가 100으로 나누면 200% 남긴 것이 된다.

사업에서 말하는 마진율은 매출이익률을 의미하며, 마진 혹은 매출총이익을 매출액 혹은 판매가격으로 나누어 산정한다.

법인세비용차감전순이익 ÷ 매출액 = 당기순이익률

경상이익 ÷ 매출액 = 경상이익률

매출총이익 ÷ 매출액 = 매출이익률

수출가격의 견적을 산출할 때에는 목표로 하는 매출이익률과 매출원가를 알고 있어야 한다. 가령, 1백 원의 매출원가를 들인 제품을 10%의 매출이익률로 팔고자 한다면, 매출원가율은 100% − 10% = 90%가 된다. 따라서 매출원가 1백 원을 매출원가율 90%로 나누면 100 ÷ 0.9 = 111원이 되고, 이 111원이 판매가격이 된다. 111원에 팔아 매출원가 1백 원을 공제하면 11

경상이익은 기업의 영업거래와 영업 외 거래로 발생한 이익으로, 영업이익에 영업외수익을 더하고 영업외비용을 차감하여 산출한다. 매출액경상이익률은 매출액에서 벌어들인 수익의 비율을 말한다. 이 수치가 5%면 매출액이 1천 원일 때 50원의 경상이익을 얻었다는 의미이다.

원의 매출이익이 남는다. 이 11원은 판매가격 111원의 10%이므로 매출이익률은 10%가 된다.

원가 + 이익 = 판매가격

매출원가 + 매출이익 = 매출액

매출이익률 + 매출원가율 = 100%

∴ 매출원가율 = 100% − 매출이익률 = 100% − 10% = 90%

매출원가 ÷ 매출액 = 매출원가율

매출액(판매가격) = 매출원가 ÷ 매출원가율 = 100원 ÷ 90% = 111원

정리하자면, 목표로 하는 매출이익률에서 매출원가율을 산정한 다음, 이것으로 매출원가를 나누면 판매가격 혹은 견적을 낼 가격이 산정된다.

꼭 기억해두세요!

수출가격은 판매원가와 판매가격을 기준으로 책정한다. 판매원가가산방식은 판매원가의 총액에 이익을 더한 값을 수출가격으로 책정한다. 판매가격기준방식은 목표시장에서의 판매가격을 책정한 후 그 가격에서 각종 비용을 차감한 값을 수출가격으로 책정한다.

※ 더 상세한 수출가격 견적의 예는 저자 블로그(blog.naver.com/greenpart)의 무역, 수출을 참조하세요.

주요 비용을 파악해보자

무역을 잘해서 돈을 벌려면 인터넷을 최대한 활용해야 한다. 환율을 포함한 모든 무역의 비용요소는 기본적으로 인터넷에서 조회가 가능하다(www.tradecost.net).

■■■ 환율 계산

수출할 때에는 해외에서 물품가격으로 받은 외화를 매입률(buying rate, 고객이 팔 때)을 기준으로 원화로 바꾸고, 수입할 때에는 해외에 지불할 외화를 매도율(selling rate, 고객이 살 때)을 기준으로 원화를 주고 산다. 외화 형태가 현금cash인가, 전신환

telegraphic transfer인가에 따라 매입율과 매도율은 여러 가지로 나누어진다. 외화를 사고파는 은행의 입장에서는 위조지폐의 감식 등 취급이 까다로운 외화 현금이 매입률 면에서는 가장 낮고 매도율 면에서는 가장 높다. 그러므로 외화 현금을 원화로 바꾼 후 다시 외화 현금으로 교환하면 차액이 가장 크다.

수출할 때 물품가격을 미국달러 현금으로 받고자 할 경우에는 해당 날짜의 미국달러 현금매입률(U$ cash buying rate)로 원화 금액을 나누면 된다. 가령, 미국달러 현금매입률이 1,300won/U$이고, 물품가격이 1천3백만 원일 경우 수출가격은 13,000,000원 ÷ 1,300원 = 10,000U$가 된다. 원화 환율은 국내 여러 은행의 인터넷사이트에서 쉽게 조회할 수 있다.

■■■ 수출가격의 산출

목표로 하는 매출이익률이 10%일 경우, 앞에서 설명한 것처럼 매출원가 총액을 매출원가율로 나누면 수출가격이 산출된다. 목표이익률이 10%이므로 목표원가율은 100% - 10% = 90%가 되고 매출원가 총액이 900U$이므로, 목표로 하는 수출가격은 900U$ ÷ 90% = 1,000U$가 된다. 이 가격에 수입업자와 계약을 체결한다면, 수출가격 1,000U$ - 수출원가 900U$ = 수출이익 100U$가 된다. 여기서 100U$는 수출가격 1,000U$의 10%가 되므로 목표로 하는 이익률을 달성한 것이 된다.

■ ■ ■ 완제품의 구매

우리나라에서 판매되는 모든 공산품에는 물품가격의 10%에 해당하는 부가가치세가 붙는다. 완제품을 구매하여 수출할 경우에는 수출한 후 부가가치세를 환급받을 수 있으므로, 부가가치세를 차감한 금액을 물품대금으로 계산해야 한다. 부가가치세는 부가가치세가 포함된 물품가격에 10/110을 곱하면 산출되고, 구매가격에서 부가가치세를 차감한 금액이 물품대금이 된다. 부가가치세를 '0'으로 하여 실제 부가가치세가 면제되는 영세율이 적용될 경우에는 부가가치세를 감안할 필요가 없다.

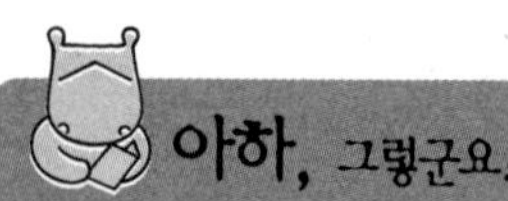

영세율

일정한 재화 또는 용역의 공급에 대해 부가가치세의 세율을 영(0)으로 하여 적용하는 것을 말한다. 영세율을 적용하면 해당 거래에 대한 세액은 영이 되므로 재화와 용역을 공급받은 상대방은 부가가치세를 징수당하지 않게 되고, 재화와 용역의 공급자는 그 재화 또는 용역과 관련하여 이미 부담한 세액이 있다면 환급받게 된다.

국내에서 완제품을 구매하여 수출할 경우 국내 판매업자에 따라 부가가치세를 원화로 붙이거나, '0'으로 할 수 있다. 또한 제조업체로부터 직접 구매할 경우에는 부가가치세를 '0'으로 하여 미국달러 등의 외화로 구매할 수도 있다.

수출할 때 물품가격을 미국달러 현금으로 받고자 할 경우에는 해당 날짜의 미국
달러 현금매입률로 원화 금액을 나누면 된다.
완제품을 구매하여 수출할 경우에는 수출한 후 부가가치세를 환급받을 수 있으
므로, 부가가치세를 차감한 금액을 국내 물품대금으로 계산해야 한다.

부대비용을 분석해보자

환율을 포함한 모든 무역의 비용요소는 기본적으로 인터넷에서 조회할 수 있다. 무역 현장의 비용과 현실은 계속해서 변하기 때문에 항상 현재 시세로 확인해야 한다.

■ ■ ■ 포장비

제조업체는 직접 수출시 제품별로 고유하게 포장하지만, 수출업체가 내수 제품을 구매하여 수출할 때는 수출용 포장이 되어 있지 않다. 이러한 경우에는 포장 전문업체에 의뢰하는 것이 좋다. 포장재의 재질, 포장방식, 제품의 크기와 중량 등에 따라 포장비

packing cost는 천차만별이다. 포장비와 관련된 자세한 문의는 무역 관련 주요 인터넷사이트에서 몇 가지 주요 내용을 기입하면 자세히 답변해준다(www.yjpacking.com / www.luxurybest.com 등 참조).

▨▨▪ 수출통관수수료

일반적으로 수출통관은 업무의 편의상 관세사에게 대행시킨다. 수출통관수수료export customs clearance charge는 관세사에 지급하는 수수료로서, 수출업자가 직접 통관할 경우에는 발생하지 않는다. FOB 수출액을 기준으로 0.15% 요율에 따라 최저 1만 2천 원부터 부가세가 별도로 부과된다. 이것도 역시 인터넷사이트에서 실시간 조회가 가능하다.

▨▨▪ 적하보험료

CIF 조건과 CIP 조건으로 거래할 경우 수출업자는 수입업자를 대신하여 적하보험에 가입한 후 적하보험료goods insurance charge를 지불해야 한다. 적하보험료는 다음의 식에 의해 산출된다.

보험료 = 송장 가액 × 110%(목표이익) × 보험요율 × 할인할증

이렇게 산출된 보험료가 미국달러로 10달러 미만이면 최저 보험료인 10달러가 보험료로 적용된다. 이 보험료에 보험 계약일에 외환은행이 고시하는 제1차 대고객전신환매도율을 적용하여 원화 보험료를 책정한다.

적하보험료는 선박 할증, 보험가입액 할증, 수출지역 할증, 전쟁보험 요율 등의 요인에 따라 수시로 변동된다. 화물을 운송하는 선박이 정기선이냐 비정기선이냐의 여부, 선령, 2선급의 유무, 선박의 재질, 선박의 총 톤수, 선박의 종류, 화물의 종류에 따라 소정의 선박 할증료를 부과한다. 또 보험가입액이 CIF 가격 상당 송장가액의 130% 이상 150% 미만까지는 일정한 할증료를 적용한다. 사고가 많은 지역에 수출할 때도 적하보험료가 할증된다. 한편 전쟁보험의 요율은 런던의 전쟁보험요율위원회The War Risks Rating Committee에서 세계 각국의 정황에 따라 수시로 변동되어 결정된다.

■■■ 수출보험료

수출보험료는 다음의 식에 의해 산출된다.

> 보험료 = (선적금액 × 부보율 × 보험요율) × 매매기준율

　여기서 매매기준율은 수출일 당일 최초로 고시되는 매매기준율을 뜻한다. 보험요율은 기본 요율에 특별할인율 · 유망수출상품할인율 · 유망중소기업할인율 · 할증률 · 중소기업할인율 중 해당 요율을 순차적으로 적용하여 산정된다. 그 밖에 부보율 · 보험요율 등에 대해서는 한국무역보험공사 홈페이지(www.ksure.or.kr)를 참조하기 바란다.

◀▶ 단가수출보험 부보율

* 일람불신용장의 경우 0.5% 미만임

구 분	내 용
일반수출 위탁가공무역	중소기업 100% / 대기업 95% 이내 (나라별 인수방침에 의해 하향 조정 가능)
중계무역재판매거래	95% 이내(재판매거래를 포괄보험으로 부보할 경우 90%)

꼭 기억해두세요!

포장비는 포장재의 재질, 포장방식, 제품의 크기와 중량 등에 따라 달라진다.
수출통관수수료는 관세사에게 지급하는 수출통관 수수료로서, FOB 수출액을 기준으로 0.15% 요율에 따라 최저 1만 2천 원부터 부가세가 별도로 부과된다.

은행수수료를 계산해보자

최근 외국환은행들은 수익성 중시의 경영을 내세워 각종 은행 수수료를 부과하고 있다. 기본 수수료가 상승되었을 뿐만 아니라 과거에는 없었던 매입수수료와 같은 신규 수수료가 생겨나고 있다. 무역과 관련된 은행수수료는 국내 은행의 인터넷사이트를 참조하기 바란다.

■■■ 전신환 거래할 때의 수수료

외환 관련 수수료에는 다음과 같은 것이 있다.

(2009년 10월 1일 현재, 우리은행)

구 분	내 용	비 고
당발송금수수료 (송금할 때) 국내 → 해외	U$ 500 이하 : 5,000원 ~ U$ 2,000 이하 : 10,000원 ~ U$ 5,000 이하 : 15,000원	송금 금액에 따라 수수료 상향
	전신료 : 10,000원	
타발송금수수료 (송금받을 때)	U$ 10,000 이하 : 10,000원 U$ 10,000 초과 : 15,000원	

■■■ 신용장과 관련된 수수료

환가료

신용장거래 시 수출업자는 물품대금을 빨리 받기 위해 신용장 개설은행으로부터 신용장 매입액이 최종 입금되는 것을 기다리는 추심후지급(collection)보다, 추심전매입(negotiation, 보통 '네고'라고 한다.)을 선호한다. 신용장 매입은행은 수출업자로부터 신용장과 선적 서류를 인수하고 물품대금을 지급한 날로부터 최종적으로 신용장 개설은행에서 입금되는 날까지의 이자를 받는데, 이를 환가료exchange commission라고 한다.

> **리보금리**(London Interbank Offered Rates ; LIBOR, LIBO Rates)
> 런던 금융시장에서 이루어지는 일류 은행 간 자금운용 시 적용되는 금리로, 현재 우리나라 외화 대출금리와 외화 예금금리의 결정 시 리보금리를 기준으로 한다. 영국은행연합회(BBA)가 오전 11시 45분경 10개 화폐에 대해 고시한다.

기간별 리보(런던은행간금리)에 가산금리가 추가되는 형태로서 환가료기간에 따라 리보의 45~95%까지 할증요율을 적용한다. 일종의 대출이자의 성격으로 징수하는 수수료이다.

일람불신용장을 매입할 때에는 {매입금액 × 1개월분 연환가료율 × (우편일수 ÷ 360) × 매매기준율의 환가료}의 금액을 차감한 나머지 금액을 지급한다. 2009년 10월 9일의 경우 U$의 매매기준율은 1,165.90이다. 표준우편일수는 동남아 지역(일본, 홍콩, 싱가폴, 말레이지아)은 7일, 그 외 지역은 8일, 타행 앞 재매입 시는 10일이다.

그 외 수수료

│지연이자 및 부도이자│ 지연이자에는 크게 입금 및 인수 지연이자와 재매입 관련 입금 지연이자의 두 가지가 있다. 입금 및 인수 지연이자는 신용장방식, 인수인도조건(document against acceptance ; D/A), 지급인도조건(document against payment ; D/P)의 세 가지로 나누어 적용된다.

신용장방식은 하자부 매입 시 징수 당시의 환가료율에 1.5%(중소기업의 경우 1.3%)를 가산하여 적용한다. D/P 조건은 징수 당시의 환가료율을 적용하는데, 하자부 매입 시 하자가산요율 1.5%(중소기업의 경우 1.3%)를 가산하여 징수한다. D/A 조건에서 인수지연 시에는 징수 당시 환가료율을 적용하는데, 이 경우 하자부 매입 시 하자가산요율 1.5%(중소기업의 경우 1.3%)를 가산하여 징수한다. 이에 반해 입금 지연 시에는 징수기간의 해당 외화여신 연체이율을 적용한다.

재매입 관련 입금 지연이자는 환가료 배분일수, 즉 1차 은행은 3일, 2차 은행은 9일을 초과하여 입금된 경우 초과일수에 대해 징수 당시 환가료율을 적용한다. 이때 하자부 매입 시 하자가산요율 1.5%(중소기업의 경우 1.3%)를 가산하여 징수한다.

부도이자율은 징수기간의 원화 대출 프라임레이트prime rate에 단일 가산율을 더한 값이다. 징수기간은 만기일(일람불인 경우 징수기간 만료일의 다음날)로부터 부도대금 환입일 전일까지이다.

> **프라임레이트**
> 미국의 큰 은행이 최우량기업에 대부하는 경우에 적용되는 대부금리로서, 은행대출금리의 기준으로 사용된다.

| 신용장 통지수수료 |　전신환을 발행할 경우에는 건당 2만 원이고, 조건을 변경하거나 우편을 발행할 경우에도 건당 2만 원이다. 무역자동화에 의한 통지 시에는 건당 1만 원 또는 1만 5천원(은행마다 다름)의 수수료를 부담해야 한다.

| 신용장 양도수수료 |　신용장 양도수수료는 다음 표와 같다.

구 분		내 용	조건 변경
단순양도		건당 2만 원	건당 1만 원
조건변경부 양도	당행통지분	건당 5만 원	건당 1만 원
	타행통지분	건당 7만 원	건당 2만 원

| 내국신용장 관련 수수료 | 　내국신용장을 개설할 때는 신용등급액에 따라 건당 0.1% (매 3개월)의 수수료를 부담해야 하고, 최저요금은 1만 원이다. 매입이자율은 원화대출 프라임레이트에 3.0%를 더한 값을 적용한다. 징수 일수는 개설은행이 동일 어음교환소 지역 내에 소재하는 경우 3일이며, 개설은행이 동일 어음교환소 지역 외에 소재하는 경우에는 6일이다. 또 지점발행분의 징수 일수는 2일이다. 내국신용장 어음매입 취급 시 수수료는 건당 창구매입시 1만 원, 무역자동화 처리시 5천 원이다.

| 기타 수수료 |　　수출환어음의 매입 시에는 취급수수료로 건당 2만 원을 납부해야 하고, 추심수수료는 건당 2만 원이다. 내국신용장을 포함하여 신용장을 분실하여 재발급받을 경우에는 건당 3만 원을 납부해야 한다. 또 구매확인서를 발급받을 경우에는 건당 1만 원, 무역자동화시스템을 이용하여 신청할 경우에는 건당 4천 원을 납부해야 한다. 수출실적을 발급받을 경우에는 건당 2천 원을 납부해야 한다.

꼭 기억해두세요!

무역과 관련된 은행수수료에는 전신환 거래와 관계된 송금수수료·입금수수료와 신용장과 관련된 환가료, 지연이자·부도이자, 통지수수료, 양도수수료, 내국신용장 관련 수수료 등이 있다.

환가료는 신용장 매입은행이 수출업자로부터 신용장을 인수하고 물품대금을 지급한 날로부터 최종적으로 신용장 개설은행에서 물품대금이 입금되는 날까지의 이자를 말한다.

운송비용을 산출해보자

■■■ 내륙운송비

  내륙운송비inland transportation, trucking charge는 20ft · 40ft 컨테이너, 소량 화물의 크기 · 무게, 출발지와 목적지에 따라 달리 부과된다. 인터넷을 이용하여 실시간 조회하면 상세한 요금을 산출할 수 있다. 추천할 만한 곳으로는 요금 할인이 가능한 한국무역협회의 홈페이지를 보면 상세한 요금 현황을 조회할 수 있다.

■ ■ ■ 해상운송 · 항공운송과 관련된 부대비용

해상운송이나 항공운송과 관련한 부대비용은 다양하게 부과되므로 꼼꼼히 파악해야 한다.

컨테이너선 해상운송비

만재화물(full container load ; FCL)의 경우에는 20ft · 40ft 컨테이너당 출발항 CY에서 목적항의 CY까지 U$로 부과되며, 소량화물(less than container load ; LCL) 선적 시에는 벌크화물의 선적처럼 RT당 U$로 부과된다. 1RT 미만 화물은 1RT으로 계산한다.

컨테이너선을 이용하여 해상운송을 할 경우에는 터미널화물처리비, CFS Charge, 컨테이너 세금, 통화할증료, 유가할증료, 화물입출항료, 성수기할증료(peak season surcharge ; PSS) 지체료 등이 발생한다.

터미널화물처리비(terminal handling charge ; THC)는 물품이 CY에 입고된 순간부터 본선 옆까지, 반대로 본선 옆에서 CY의 정문을 통과하기까지 컨테이너의 이동에 따르는 비용이다.

CFS Charge는 CFS에서 작업되는 LCL 화물에 부과되는 비용으로 CFS 작업료, CFS 임차료, 화물고착재료비 등이 있다. 컨테이너선의 운항에 드는 특수한 항목이다.

컨테이너 세금은 부산항을 통해 운송되는 수출입 컨테이너가 부산시의 교통체증을 야기함에 따라, 부산시 도로건설 등을 이용하는 대가로 한시적으로 부과하는 비용으로 2006년 12월 31일 폐지됐다.

통화할증료(currency adjustment factor ; CAF)는 해상운임으로 결제되는 달러화 환율의 하락에 따른 손실을 보상받기 위해 도입된 할증료이다. 일정한 기간 동안 해당 국가 통화의 가치변동률을 감안하여 기본운임 이외에 일정한 비율 혹은 일정한 금액을 청구하고 있다. 항로별로 산출 공식과 부과액이 다르다.

유가할증료(bunker adjustment factor ; BAF)는 선박의 주 연료인 벙커유값의 변동에 따른 손실을 보상받기 위해 부과하는 할증료로서, CAF와 마찬가지로 기본운임에 대해 일정한 비율 혹은 일정한 금액을 청구한다. 북미 항로의 경우 연료할증료(fuel adjustment factor ; FAF)라고도 한다.

화물입출항료warfage는 2009년 10월 기준 20ft 컨테이너당 4,200원 내외, 40ft 컨테이너당 8,400원 내외가 부과된다.

성수기할증료는 성수기에 추가로 청구되는 비용이다. 한 여름 해수욕장의 바가지요금과 유사하다.

지체료detention charge는 화주가 컨테이너 또는 트레일러를 규정된 시간 내에 반환을 못할 경우 벌과금으로 내는 비용이다.

벌크선 해상운송비

벌크선 혹은 자동차전용선(Ro-Ro선)에 선적 시 무게(중량)와 부피(용적) 중 많이 나가는 것을 기준으로 'Revenue Ton(줄여서 RT

혹은 R/T)' 이라 하여 운임이 정해진다. 무게는 톤으로, 부피는 $1m^3$ (가로 1m × 세로 1m × 높이 1m, cbm)를 단위로 하여, RT당 U\$ 얼마로 운임이 매겨진다. 원화로 해상운임을 결제할 경우에는 송금 (전신환) 보낼 때의 환율, 즉 전신환 매도율의 환율로 외화를 결제한다.

본선 선창 혹은 갑판에 화물을 고정시키는 본선작업비가 운임에 포함되어 있는 운송조건을 BT(berth term) 조건, 출발항에서 본선작업비가 운임에 포함되지 않은 조건을 FI(free in) 조건, 목적항에서 포함되지 않은 조건을 FO(free out) 조건, 출발항과 목적항에서 모두 포함되지 않은 조건을 FIO(free in & out) 조건이라 한다.

선측하역료는 부두에서 화물을 인수하여 배 옆까지 이동시키고, 본선 난간을 지날 때까지 화물이 선적되도록 관리하는 비용이다. 인천항의 경우 보통 RT당 2천6백 원이 부과된다. 수입국의 경우 선측하역료는 본선 난간을 지나 부두로 내려지는 화물을 관리하는 비용으로서 수입업자에게 부과되기도 한다.

선내하역료는 본선 난간을 지난 화물을 배 안 선창이나 갑판 위의 지정된 장소로 이동하여 고정시키는 비용이다. 운임조건 중 BT 조건은 운임에 포함되지만, FI 조건은 목적항에서, FO 조건은 도착항에서, FIO 조건은 목적항과 도착항에서 선내하역료가 별도로 발생하고, 하역작업도 수출업자나 수입업자가 하역업체를 지정하여 실시해야 한다.

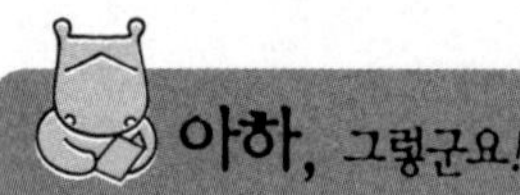

선박의 일부 혹은 전부를 임차(ch-arter)할 때 다양한 비용이 발생되므로 이를 임차계약 시 명확히 해야 한다. 선박임차는 전문적 업무 행위로서 이 책에서는 설명하지 않는다.

체선(화)할증료port congestion surcharge는 하역작업을 위한 선박의 대기시간이 길어져 선사 측에 추가적인 경비 발생 시 일정한 기간에 대해 하주에게 부과한다.

화물입출항료는 cbm당 134.40원이 부과된다.

해상운송 공통 부대비용

서류발급비용은 선박회사에서 선하증권이나 화물인도지시서 발급 시 발생하는 행정비용에 대해 청구하는 비용으로, 건당 3만 3천 원이 부과된다.

항공운송 부대비용

항공운송 부대비용은 항공운임 요율표tariff에 따르는데, 보통 (표정, 협정)운임률tariff rate이라고 하면 최고운임을 뜻하며 여기에서 일부 할인을 하기도 한다. 대부분 무게를 기준으로 운임이 부과되지만, 화물의 중량 167kgs당 부피가 1cbm 초과 시 부피 기준으로(1cbm을 167kgs로 환산) 운임이 부과된다.

쉽게 설명하면, 화물의 실제 중량과 부피를 용적중량으로 환산한 것을 비교하여 보다 많은 것을 운임으로 청구한다. 예를 들면, 화물의 실제 중량이 120kgs인 경우, 이것이 용적중량이라면 부피로 역산해 0.7186cbm이 된다. 이때 부피가 이보다 크면 부피에 대해, 적으면 실제 중량에 대해 요금이 부과되는 것이다.

화물의 실제 중량이 120kgs이면서 부피가 0.5cbm인 경우에는 120kgs×kgs당 운임, 부피가 0.75cbm인 경우에는 0.75×167kgs = 125.25kgs×kgs당 운임이 청구된다. 그러나 포워딩 업체마다 조금씩 달리 청구되므로 인터넷에서 여러 업체의 사이트를 조회하여 비교해본 후 결정하는 것이 좋다(www.shipping114.co.kr ; www.cargopack.net 등 참조).

 **꼭** 기억해두세요!

내륙운송비는 20ft · 40ft 컨테이너, 소량 화물의 크기 · 무게, 출발지와 목적지에 따라 달리 부과된다.
해상운송이나 항공운송과 관련된 부대비용은 다양하게 부과되므로 꼼꼼히 파악해야 한다.

수출조건별로 견적을 산출해보자

삼면이 바다로 둘러싸여 있고 남북한이 분단된 우리나라는 무역운송의 관점에서 보면, 항공운송과 해상운송만 가능하고 육상운송이 불가능한 외딴 섬과 같다. 이에 따라 우리나라 무역에서는 수입국 국경에서 또는 수입국 항만이나 창고에서 물품을 인도하는 거래조건은 드물게 적용된다. 수출견적에서는 FOB · CFR · CIF와 FCA · CPT · CIP 조건이 가장 많이 쓰인다.

비용이 가장 적게 발생하는 EXW 조건와 FOB 조건을 적용하여 수출견적을 산출해보자.

쉽게 알자! 무역실무

■■■ EXW 조건의 경우

수입업자가 우리나라를 방문하여 물품을 구매하고자 수출업자에게 수출가격을 묻는다면 한국에서의 내륙운송비, 수출통관비, 국제운송비 등의 비용은 들지 않는다. 감안해야 할 요소는 국내 구매가격, 환율, 이익률 세 가지이다. 국내 구매가격 1천3백 원, 환율(미국달러를 현금으로 받는 경우 현금매입률) 1,300원/U$, 이익률 20%라고 하면, 수출가격을 얼마로 해야 하는가?

국내 구매가격 1천3백 원은 1U$이며 이를 매출원가율 80%(100% − 20%)로 나누면(1U$ ÷ 0.8) 1.25U$이다. 판매이익 0.25U$는 수출가격 1.25U$의 20%로서 거래가 성사될 경우 목표 이익률이 달성된다.

여기서 중요한 점은 국내 비용에서 부가가치세가 부과될 경우(물론 이를 증빙할 수 있는 세금계산서 등의 세무 자료가 있어야 한다) 선적 후 환급받으므로 지급한 부가가치세는 원가에서 제외한다.

■■■ FOB 조건의 경우

결제조건은 단순송금방식(cash with order ; CWO)로 한다. 출발항 본선에 적재될 때까지 모든 비용이 포함된다(인코텀즈 2000은 "본선 난간을 통과할 때까지" 였음). 중고차량의 수출을 예로 들어보

자. 현대자동차의 액센트 한 대를 벌크선이나 자동차전용선을 통해 해외로 수출한다고 가정하고 수출견적을 산출해보자. 이 경우 명시하지 않은 원가는 발생하지 않는다고 가정한다.

- 국내 구매가격 — 액센트 차량 00년식의 국내 구매가격은 390만 원(의제부가세는 없다고 가정한다.)
- 국내 운송비용 — 서울에서 구매하여 인천항까지 운송하는 비용 5만 원
- 수리비용 — 있는 그대로(as it is)의 조건으로 선적하기 때문에 수리비와 세차비는 없다.
- 포장비 — 차량은 포장을 하지 않기 때문에 포장비는 없다.
- 수출통관비 — 보통 0.15%가 적용되지만 최저 통관수수료 1만 2천 원이 부과된다.
- 하역수수료 — 항구 출입구를 통과하여 작업 전까지 부두 내에서 대기하다가 선적될 때까지 관리되는 비용으로, 인천항은 $1m^3$당 2천6백 원이 부과된다. 액센트 차량은 가로, 세로, 높이를 곱할 경우 대략 $10m^3$가 되므로 2만 6천 원이 된다.
- 바이어가 방한하여 현금으로 수출대금 전액을 사전에 지급했으므로 환율은 현금매입율 1,300원/U$을 적용한다. 따라서 미국달러로 환산한 수출원가는 3,988,000원/1,300을 소수점에서 반올림하여 3,068U$가 된다.
- 수출가격의 20% 이익률을 남기기 위해 수출원가 3,068U$를 매출원가율 80%로 나누어 산출된 3,835U$가 목표 수출가격이 된다.

만일 수입업자가 현금으로 결제하지 않고 은행을 통해 송금할 경우에는 은행수수료로 15U$~40U$가 발생한다. 신용장으로

결제할 경우에는 신용장을 찾아올 때 통지수수료 2만 5천 원에서 3만 원이 발생한다. 이밖에도 신용장 매입 시 연환가료, 개설은행 입금 시 은행수수료 등 각종 미입금수수료Less Charge가 발생한다.

고객에게 화내지 말자

고객에게 화내지 말자? 많은 사람들은 당연한 사실을 무얼 그리 심각하게 말하느냐고 핀잔을 줄지도 모르겠다. 그런데 무역인이라면 평소 당연하게 여겼던 사실도 여러 번 뒤집어보고 쪼개보며 따질 필요가 있다. 당연한 사실을 다양한 상황에서 알맞게 써먹기 위해서 말이다.

필자는 무역을 시작한 지 20년이 되었다. 돌이켜보면 반성할 것이 많지만, 그 중에서 고객과의 관계에서 감정을 드러내며 화냈던 일이 두고두고 후회스럽다. 수출을 하다 보면 이른바 '바이어' 라는 다양한 유형의 고객을 만나게 된다. 그들 중에는 실제 고객도 있고 고객이 아닌 사람도 있다.

무역의 논리상 계약은 구두계약이라도 반드시 지켜야 하지만, 고객의 사정으로 인해 이행되지 못하는 경우가 종종 있다. 이를 감안하여 계약금이나 신용장을 받고 난 후에 물건을 구입하거나 생산에 착수해야 한다. 계약을 어겼다 해서 상대방에게 따지고 압박하면 고객은 미안해하면서도 자신의 사정을 헤아려주지 않은 것에 대해 오히려 서운하게 생각한다. 그런 경우 결국에 가서는 그 고객과 거래가 끊긴다.

무역대금을 결제받지 못했을 경우 신용기관에 의뢰하는 등 적절한 조치를 취하는 것이 현명하다. 화가 난다고 해서 고객에게 감정적으로 대응할 필요는 없다. 고객과 감정적으로 대립을 하면 관계를 회복하기 힘들다. 마음의 평정은 무역인에게 있어서 꼭 필요한 기본적 자질이다.

무역대금결제는 거래의 핵심이다

무역대금결제는 어떻게 하는가
송금결제방식은 당사자가 직접 송금한다
추심결제방식은 은행의 지급보증이 없다
신용장은 무역거래의 안전장치이다
신용장거래의 효용과 한계는 무엇인가
신용장 당사자의 특성을 알아보자
신용장에는 어떤 것이 있는가
특수신용장에는 어떤 것이 있는가
신용장통일규칙은 신용장거래의 등대이다

무역은 물품과 돈을 교환하는 행위로, 최종적으로 내 주머니에 돈이 들어와야 거래가 종결된다. 따라서 무역대금결제는 무역거래의 핵심이라 할 수 있다. 거래할 물품의 명세·품질·수량·납기·포장·가격 등 공급에 대한 합의의 반대편에 결제에 대한 합의가 있다. 언제, 어떤 방식으로 결제를 하고 받는가는 물품에 대한 합의만큼 중요하다. 수출업자는 결제시기가 빠를수록 유리하고 늦을수록 불리하다. 은행과 같은 믿을 만한 제3자를 통해 결제가 이루어지면 보다 안전할 것이다.

이번 마당에서는 무역대금을 결제하는 방법에 대해 알아보자. 주로 이용하는 방법으로는 송금결제방식, 추심결제방식, 신용장결제방식의 세 가지가 있다.

무역대금결제는 어떻게 하는가

일반적으로 무역대금을 결제하는 방법에는 송금결제방식, 추심결제방식, 신용장결제방식의 세 가지가 있다. 과거에는 무역대금의 결제수단으로 신용장결제방식이 주로 이용되었다. 이에 따라 우리나라 수출업자가 해외에서 얼마나 신용장을 받고 있는가 하는 '수출신용장내도액' 이 경기를 예측하는 지표로서 사용되었다. 그러나 대기업과 중소기업이 해외법인을 설립한 후부터 신용장결제방식이 조금씩 감소하여, 요즘에는 송금결제방식을 더 많이 이용하고 있다. 수출거래에서 신용장결제방식은 1997년 43.2%를 차지하였으나 2010년 15.6%로 줄어들었고, 송금결제방식은 1997년 29.4%에서 2010년 60.2%로 가장 큰 비중이 되었는데 업체 종류로는 중소기업이 수출품목으로는 반도체 등 IT품목 · 섬유

류·농수산물에서 가장 선호되었다..

이와 같이 신용장결제방식이 감소하는 이유는, 은행이 개입하는 신용장(letter of credit ; L/C)거래나 절차가 복잡하고 시간과 비용 부담이 크기 때문이다. 이에 따라 고정적인 거래처 간이나 해외법인과 본사 간의 거래는 송금결제방식을 선호하고 있다. 또한 IT 산업과 인터넷의 발달로 인해 재고관리시스템이 확산되면서, 신용장거래를 통한 대규모 주문보다는 송금결제방식의 소량 주문을 많이 하는 것도 한 이유이다.

■■■ 무역결제 시 고려해야 할 요소

모든 무역거래에서 물품대금의 지급은 결제시기·결제방법·결제통화·결제종류의 네 가지 요소를 변형하고 조합하여, 다양한 방법을 적용할 수 있다.

결제시기

결제시기는 언제 물품대금을 지불하느냐에 관한 것으로, 무역당사자가 첨예하게 관심을 가지는 사항이다. 수출업자는 가능한 한 빨리 물품대금을 수령하고자 하여, 물품이 공급되기 이전 혹은 물품의 공급과 동시에 결제받기를 원하다. 은행은 선적서류가 물품에 대한 권리증권인 경우 수입업자의 대금 지급 이전 또는 수출업자의 어음draft이 인수될 보장이 있기 전에는 서류를 인도하지 않는다. 한편 수입업자는 선적서류를 수출업자로부터 받을 때까지 대금을 지급하지 않으려고 한다. 이와 같이 무역거래에 내재되어 있는 수출업자와 수입업자 간의 결제시점에 관한 생각이 서로 다르기 때문에 결제시기를 일치시키기 위한 여러 가지 대금지급 방법이 생겨났다.

| 선지급 |　물품이 선적되거나 인도되기 전에 미리 대금을 지급하는 조건을 '선지급advanced payment'이라 한다. 주문과 동시에 현금이나 전신환 등으로 결제가 이루어지는 단순송금방식(cash with order ; CWO), 신용장 수익자인 수출업자의 신용장 수취와 더불어 미리 대금부터 결제되는 선대신용장red clause L/C 방식 등이 있다.

| 동시지급 |　물품과 선적서류를 인도함과 동시에 대금 결제가 이루어지는 조건을 '동시지급concurrent payment'이라 한다. 물품의 인도와 동시에 현금결제가 이루어지는 COD, 선적서류의 인도와 동시에 현금결제가 이루어지는 서류상환방식(cash against document ; CAD)이 여기에 해당된다. 또한 신용장거래에서는 일람불어음at sight bill으로 결제되는 일람불at sight 방식, 어음을 추심해서 대금을 회수하는 무신용장거래에서는 D/P 방식이 있다.

| 후지급 |　물품과 선적서류를 인도한 후 일정한 기간이 지나야 대금결제가 이루어지는, 말하자면 외상거래조건을 '후지급deferred payment' 이라 한다.

| 혼합지급 |　선지급, 동시지급, 후지급을 혼합한 결제조건을 '혼합지급mixed payment' 이라 한다. 여기에는 대금을 일시에 결제하지 않고 계약 시, 선적 시, 도착 시 혹은 공정에 따라 분할해서 지급하는 누진지급progressive payment 방식이 있다.

결제방법

| 현금결제방식 |　현금으로 수출입대금을 직접 결제하는 방법을 '현금결제조건cash payment' 이라 한다. 여기에는 CWO, COD, CAD 등이 있다.

| 송금(환)결제방식 |　전신환이나 우편환을 통해 송금하여 수출입대금을 결제하는 방법을 '송금(환)결제방식' 이라 한다. 대표적인 것으로는 단순송금방식에 의한 수출입거래를 들 수 있다.

| 어음결제방식 |　국내거래에서는 보통 채무자인 매수인이 매입대금 결제용 어음을 발행한다. 그러나 무역거래에서는 채권자인 수출업자가 수입업자를 지급인으로 하는 어음을 발행하고 이를 매각 또는 추심을 하여 수출대금을 회수하는, 이른바 역환방식을

활용한다. 때로는 신용장 발행은행을 지급은행으로 하는 어음을
발행하기도 한다.

| 물품결제방식 | 수출입 대가로 다른 물품을 수입 또는 수출하
는 물물교환방식을 이용하는 결제조건을 '물품결제조건' 이라 한
다. 구상무역을 포함한 연계무역 형태로 최근 많이 이용되고 있다.

결제통화

무역계약에서 수입업자는 계약서에 정하는 바에 따라 물품을
인수하고 대금을 지급한다. 이때 대금을 결제하기 위한 통화는 통
상적으로 자국통화, 상대방 국가의 통화, 제3국의 통화 등의 세
가지로 결정한다. 이 중에서 어느 통화로 결제할 것인가는 당사자
간의 합의된 방법으로 이루어지는 것이 원칙이다.

결제종류

무역대금결제는 지급수단의 관점에서 볼 때 크게 송금remitt-
ance · 추심collection에 의한 무신용장결제방식, 신용장결제방식,
그리고 국제팩토링international factoring과 포페이팅forfaiting 등
특수한 결제방식으로 구분할 수 있다.

팩토링

공급자가 사후송금방식 외상수출거래(D/A거래 포함)에 의해 구매자에게 물품 등을 외상판매한 후 발생한 매출채권을 팩토링회사가 무소구 조건으로 매입하면서 제조업자에게 대금회수, 매출채권관리, 부실채권보호, 금융제공 등의 혜택을 부여하는 서비스를 말한다. 한국수출입은행 등이 제공한다.

포페이팅

현금을 대가로 채권을 포기 또는 양도하는 것을 말한다. 물품을 판 수출업자는 미리 수출대금을 받은 후 나중에 발생할 수입업자의 대금지급 거절이나 연기에 따른 손해를 일체 부담하지 않고 선적하자마자 선적서류를 제출하여 현금을 확보할 수 있다

■ ■ ■ 화환신용장방식

화환신용장documentary L/C이란 신용장 개설은행이 수출업자가 발행한 환어음에 선하증권 등의 선적서류를 첨부한 것을 조건으로 하여 지급·인수·매입할 것을 확약하는 신용장을 말한다. 수출업자는 수입업자 거래은행의 지급보증을 믿을 수 있고, 수입업자는 대금지급 시 선적서류의 원본을 안전하게 확보할 수 있어, 거래 초기에 많이 이용한다. 수출입대금의

결제에 사용되는 신용장은 대부분 화환신용장이다.

화환신용장은 일람불신용장at sight L/C과 기한부신용장usance L/C으로 나누어진다. 일람불신용장은 신용장 개설은행에 선적서류가 도착한 다음날로부터 은행영업일 5일 이내에 결제하거나, 지급 거절을 통보하는 신용장이다. 기한부신용장은 일정한 기간 이내에 결제해야 하는 신용장이다. 수출업자들은 대부분 일람불신용장을 선호한다.

꼭 기억해두세요!

무역대금의 결제방법에는 현금결제방식 · 송금결제방식 · 어음(추심, 신용장) 결제방식 등이 있으며, 과거에는 신용장결제방식이 주로 이용되었으나 요즘에는 송금결제방식을 선호한다.
화환신용장은 신용장 개설은행이 수출업자가 발행한 환어음에 선적서류를 첨부한 것을 조건으로 하여 지급 · 인수 · 매입할 것을 확약하는 신용장이다.

송금결제방식은 당사자가 직접 송금한다

수입업자가 수출업자에게 직접 물품대금을 송금하여 결제하는 방식을 '송금결제방식'이라 한다. 은행을 통한 선적서류의 인도와 대금결제를 연계시키지 않고, 수출업자와 수입업자 사이의 신용을 바탕으로 선적서류를 직접 송부하거나 전달하며, 사전 · 사

후 혹은 동시에 대금결제를 한다. 은행은 대금결제와 선적서류의
인도 과정에 개입하지 않고 계좌 간 단순송금업무만 담당한다.

▥▦▨▉ 사전송금방식

물품을 선적하기 전에 미리 물품대금 전액을 지급받거나 지급
한 후, 일정 기간 이내에 그에 상응하는 물품을 수출 혹은 수입하
는 방식을 '사전송금방식advance remittance' 이라 한다. 통상적인
거래에서는 자주 사용되지 않으며, 상품견본 등 거래금액이 적거
나, 신용이 확실하여 신용장이나 추심결제방식 등의 번거로움을
피하고자 할 경우에 많이 이용한다.

수표송금방식

수입업자가 미리 물품대금에 상당한 현금을 은행에 불입하여
은행이 송금수표를 발행하면, 이를 수입업자가 수출업자 앞으로

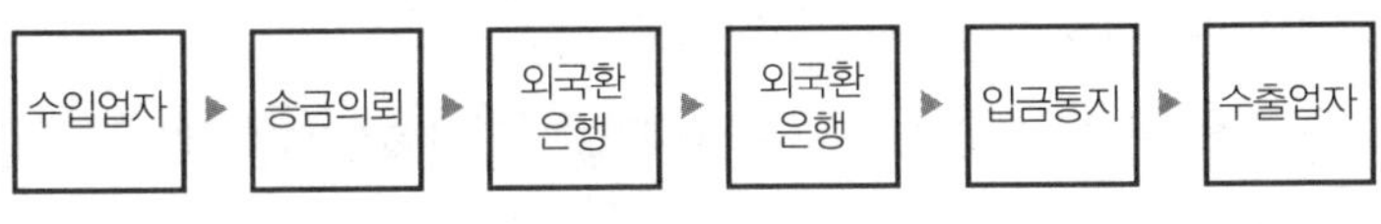

직접 우송하여 결제하는 방식을 '수표송금방식(demand draft; D/D)'이라 한다. 소액송금을 하고 물품을 인도받는 경우에 자주 이용된다. 수표가 부도날 수 있으므로 발행 은행의 신용도를 조회하고 최종 입금 후 물품 선적을 권한다.

우편환송금방식

수입업자의 요청에 따라 송금은행이 지급은행 앞으로 일정한 금액을 수출업자에게 지급해줄 것을 위탁하는 지급지시서에 해당하는 우편환을 발행하여, 송금은행이 이를 직접 지급은행 앞으로 우송하는 방식을 '우편환송금방식(mail transfer ; M/T)'이라 한다. 송금에 따른 분실이나 도난 위험을 은행이 부담하기 때문에, 수입업자에게는 수표송금방식보다는 안전하다. 전신환송금방식보다 지급지시서의 송부기간이 오래 걸리므로, 긴급을 요하지 않는 송금이나 소액송금 등에 주로 이용된다.

전신환송금방식

수입업자의 요청에 따라 송금은행이 지급은행 앞으로 일정한 금액을 지급할 것을 위탁하는 지급지시서를 전신환으로 발행한 후, 이를 직접 송금하는 방식을 '전신환송금방식(telegraphic transfer ; T/T)'이라 한다.

우편환송금방식보다 송금기간이 짧아 신속하고 편리하며, 송금환의 분실이나 도난, 환율 변동에 따른 위험이 거의 없어, 송금방식 중 가장 안전하다. 송금방식 중 가장 많이 이용된다.

▪▪▪ 대금교환도방식

수출입업자가 물품과 선적서류가 인도될 때나 인도된 후에 대금을 외화로 지급하는 조건으로 수출입하는 방식을 '대금교환도방식'이라 한다.

물품인도방식

수출업자가 수입국에서 수입통관을 완료한 후 수입업자에게 물품을 인도하면서 대금을 수령하는 방식을 '물품인도방식(cash on delivery ; COD)' 이라 한다. 수입국에 수출업자의 지사나 대리인이 있는 경우와, 귀금속과 같은 고가품을 거래할 때 활용된다. 수입업자는 물품을 충분히 검토한 후 수입 여부를 결정할 수 있다는 이점이 있는 반면에, 수출업자는 수입업자가 물품에 만족하지 않을 경우 대금을 결제받지 못하는 위험을 부담해야 한다.

서류상환방식

수출업자가 물품을 선적한 후 수출국에서 수입업자에게 선적서류를 인도하면서 대금을 수령하는 방식을 '서류상환방식(cash against documents ; CAD)' 이라 한다. 수출국에 수입업자의 지사나

COD와 D/P의 차이

모두 선적 후 지급조건이지만, D/P 거래는 환어음을 발행하고 선적서류를 외국의 추심은행이 수입업자에게 결제받아 넘겨준다. 추심은행의 책임하에 수입업자가 결제할 때까지 선적서류를 보관하고, 물품의 소유권이 수출업자에게 있으므로 COD보다 안전하다. D/P 거래에서는 수입업자가 대금결제를 거부하면 은행은 서류를 수출업자에게 반송해야 한다.

대리인이 있는 경우에 주로 사용된다. 선적서류를 인수하는 입장에서 볼 때 COD 방식과 반대되는 형태로, D/P 거래의 유럽방식이다.

■■■ 사후송금방식

수출업자가 물품을 선적한 후 선적서류를 은행을 거치지 않고 직접 수입업자에게 보내면, 수입업자가 계약서에 약정된 기간 이내에 수입대금을 수출업자에게 송금하는 방식을 '사후송금방식later remittance'이라 한다. 본사와 지사 사이 혹은 고정거래처 등 거래당사자 간에 신용관계가 구축된 경우, 각 선적후 일정 시점에 또는 일정 기한 단위로 외상대금 총액을 결제하는 방식으로 이용된다.

송금결제방식은 수입업자가 수출업자에게 직접 물품대금을 송금하여 결제하며, 대금 결제와 선적서류의 인도 과정에 은행이 개입하지 않는다.
송금결제방식에는 사전송금방식, 대금교환도방식, 사후송금방식이 있다.

추심결제방식은 은행의 지급보증이 없다

수출업자가 신용장 없이 환어음을 발행한 후 거래은행에 추심을 의뢰하면 수입업자가 대금을 결제하는 방식을 '추심결제방식'이라 한다. 송금결제방식의 한계성과 신용장결제방식의 번거로움, 비용 절감 등의 이유로 인해 국제적으로 신용상태가 좋은 수출입자 간의 대금 결제에 자주 사용된다. 사전송금일 경우 수입업자가, 사후송금일 경우 수출업자가 절대적으로 불리하다는 송금결제방식의 문제를 어느 정도 해결할 수 있다. 그러나 수입업자와 수출업자의 상호 신용을 바탕으로 한 경우에만 거래가 가능하다. 따라서 상당한 거래실적이 있거나, 본사와 해외지사 간의 대금 결제 시 자주 이용된다.

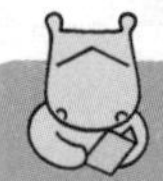

추심 collection

원래는 취급은행이 수출업자의 위임을 받아 수입업자로부터 수출대금을 대신해서 받아주는 행위를 말하지만, 지급은행에 환어음이나 수표를 보내 대금지급을 청구하는 행위까지 포함된다. 추심에는 D/P·D/A 어음에 따른 추심, 신용장에 따른 추심, 수표 등에 따른 추심이 있다.

■■■ 지급인도조건

수출업자가 수출품을 선적한 후 수입업자를 지급인으로 하는 일람불어음을 발행하여 선적서류와 함께 거래은행에 추심을 의뢰하면, 추심은행(수입업자의 거래은행)이 어음지급인(수입업자)의 대금지급과 동시에 선적서류를 수입업자에게 인도하고 그 대금을 추심의뢰은행(수출업자의 거래은행)에 송금하여, 수출업자가 수출대금을 영수하는 거래방식을 '지급인도조건(document against payment ; D/P)' 이라 한다.

쉽게 알자! 무역실무

D/P 거래는 신용장거래의 일람불어음처럼 수입업자가 선적서류를 인수할 때 물품대금을 지급하는 점은 같지만, 추심은행에 지급의무가 없다는 점에서 신용장과 다르다. 즉, 시장 상황의 악화 등으로 인해 수입업자가 물품수입을 중지 혹은 보류한 채 선적서류를 인수하지 않으면, 추심은행이 선적서류를 보관하고 이를 수출국 은행에 통보한다.

D/A · D/P 거래 절차

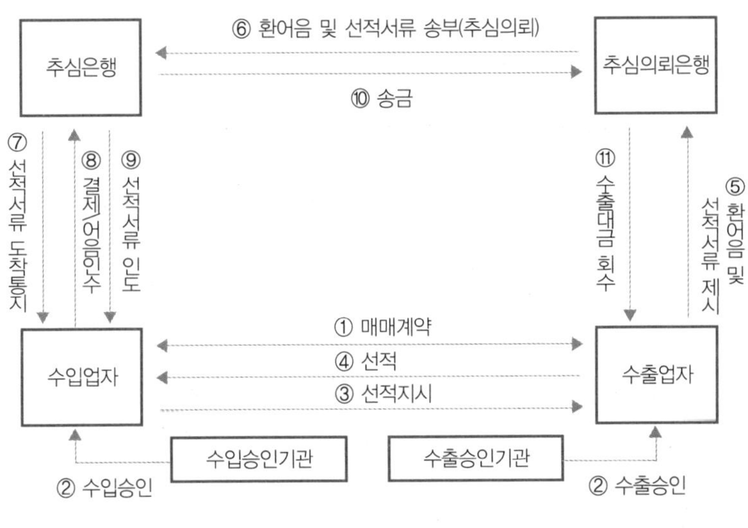

추심은행이 수입업자에게 수출업자가 발행한 기한부어음을 제시하여 수입업자가 어음 상에 'Accept'라는 표시와 함께 서명하면, 추심은행이 선적서류를 인도하고 어음지급만기일에 어음지급인으로부터 대금을 받아 추심의뢰은행에 송금하고 수출업자가 대금을 영수하는 거래방식을 '인수인도조건(document against acceptance ; D/A)'이라 한다.

D/A 거래는 대금을 추심하는 과정이 D/P 거래와 같다. 기한부

◀▷ **송금결제방식과 추심결제방식의 차이**

결제방법	종 류	수출업자	수입업자
선적 전 송금 결제방식 (remittance before shipment)	사전송금방식	유리	경우에 따라 대금 회수 또는 물품 인수 불가능
대금 교환도 방식	COD	대리인의 신용에 따라 대금 영수 보장 안됨	유리
	CAD	대금 영수 보장 안 됨	
추심결제방식 (collection)	D/A	대금 영수와 물품 회수 보장 안 됨	유리
	D/P	대금 영수 보장 안 됨	
선적후 송금 결제방식 (remittance after shipment)	사후방식	대금 영수와 물품 영수 보장 안 됨	유리

어음이 사용되므로 'D/A 60days from B/L date'와 같이 D/A 다음에 기한을 뜻하는 말이 온다.

■ ■ ■ D/P와 D/A의 차이

D/P 거래와 D/A 거래의 가장 큰 차이는 선적서류와 수입업자의 결제가 은행을 통해 동시에 일어나는가의 여부이다. 선적서류의 인도와 수입업자의 결제가 동시에 이루어지는 D/P 거래가 수입업자의 결제가 나중에 이루어지는 D/A 거래보다 안전하다.

꼭 기억해두세요!

추심결제방식은 수출업자가 신용장 없이 환어음을 발행한 후 거래은행에 추심을 의뢰하면 수입업자가 대금을 결제하는 방식이다.
추심결제방식에는 선적서류의 인도와 수입업자의 결제가 동시에 이루어지는 지급인도조건과 수입업자의 결제가 나중에 이루어지는 인수인도조건이 있다.

신용장은 무역거래의 안전장치이다

무역인에게 신용장은 불교의 불경, 기독교의 성서, 군인의 작전 지시서와 같다. 신용장을 잘못 읽거나 신용장의 조건을 이해하지 못하면 무역업무에 차질이 생긴다. 최근 신용장거래가 줄어들고 있지만 여전히 가장 중요한 결제수단이다.

■■■ 신용장이란?

신용장(letter of credit ; L/C)이란 무역거래에서 원활한 대금 결제를 위해 규정된 서류를 제시하면, 신용장 개설은행이 수입업자를 대신하여 환어음의 지급·인수를 수출업자나 어음매입은행,

선의의 어음소지인에게 보증하는 문서이다. 한마디로 말해서, 신용장은 특정 은행이 수입업자를 대신하여 요구한 서류를 제시하면 물품대금을 지급하겠다고 약속하는 조건부 지급보증서이다. 신용장은 신용장 개설은행의 신용도만큼만 믿을 수 있다.

▪▪▪ 신용장거래의 특성

독립성

신용장은 매매계약 등에 따라 개설되지만 일단 개설된 후에는 매매계약으로부터 독립되어, 그 자체로서 별도의 법률관계를 갖는 독립된 거래가 된다. 이를 '신용장의 독립성'이라 한다. 신용장에서 계약에 관한 사항을 언급하고 있더라도 계약서에 관여되

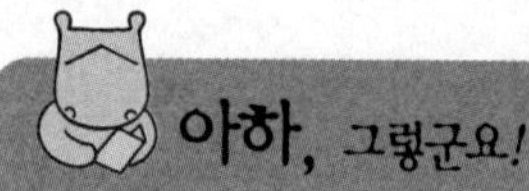

거나 구속되지 않는다. 따라서 수입업자는 신용장조건과 매매계약조건이 서로 다르다는 이유로 인해 대금지급을 미루거나 거부할 수 없다.

추상성

신용장거래는 서류상의 거래일 뿐 물품·용역의 거래나 계약의 이행과 별개이며, 서류만으로 수출업자의 의무 이행 여부를 결정한다. 즉, 신용장거래는 물품거래가 아닌 서류상의 거래라는 추상성을 갖는다. 이를 '신용장의 추상성' 이라 한다. 은행은 사실상의 거래내용을 확인할 의무가 없으므로 신용장이 요구하는 서류만 제시하면 서류심사만으로도 대금을 지급한다.

엄밀일치의 원칙

신용장에 의거하여 은행에 제시되는 모든 서류는 신용장에서 지정한 서류로서 신용장에서 요구하는 양식과 일치해야 한다. 또한 서류 상의 물품명세는 신용장 상의 명세와 일치해야 한다. 이것을 '엄밀일치의 원칙' 이라 한다. 신용장 취급 시 최소한 이 정도는 확인하자는 의미이다.

쉽게 알자! 무역실무

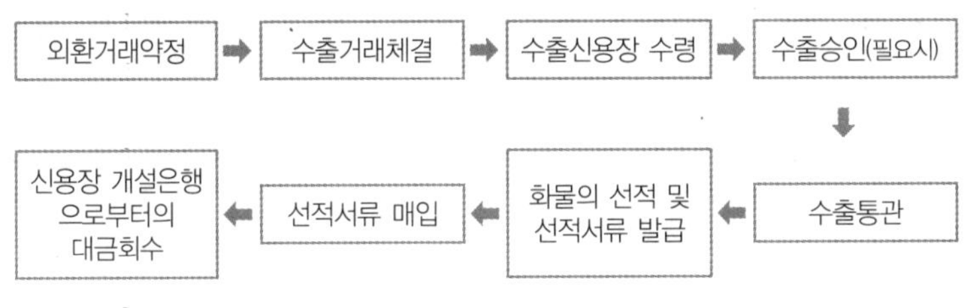

주 : 외환거래약정은 거래은행과 최초로 거래할 때만 체결하면 된다.

사기거래의 원칙

제시된 서류가 신용장 상의 모든 조건과 일치하더라도 그 서류가 위조나 사기로 작성되었음이 밝혀지는 한 은행은 서류를 수리할 의무가 없다. 이를 '사기거래의 원칙'이라 하며, 독립성이나 추상성과 상반된다. 이 원칙은 은행이 선적서류를 수리하기 전에 위조나 사기 사실이 밝혀질 경우에 한해 적용된다.

 **꼭** 기억해두세요!

신용장은 특정 은행이 수입업자를 대신하여 요구한 서류를 제시하면 물품대금을 지급하겠다고 약속하는 조건부 지급보증서이다.
신용장거래는 독립성의 원칙, 추상성의 원칙, 엄밀일치의 원칙, 사기거래의 원칙이 적용된다.

신용장거래의 효용과 한계는 무엇인가

모든 사업은 상호작용에 의한 인과관계가 있기 마련이다. 어느 한쪽에 이득이 되면 다른 쪽에게 손실이 될 수 있다. 신용장에도 효용과 한계가 분명히 존재한다. 이것을 잘 알고 대처한다면 좀더 나은 거래조건이 성립될 것이다.

■■■ 신용장거래의 편리한 점

수출업자에게 편리한 점

신용장을 이용하면 수출업자는 수입업자의 신용과 관계없이 신용장 개설은행의 신용으로 지급보증을 받으므로 대금 회수가 확실하다. 제3국의 다른 은행으로부터 확인받은 경우에는 수입국의 외환사정의 악화에 따른 대외지불의 중지·연기 등 외환결제의 위험을 회피할 수 있다. 일단 신용장이 개설되면 체결된 계약의 일방적인 취소나 변경이 불가능하므로 수출거래가 확정된다. 한국무역보험공사의 수출보험 가입을 통해 수출물품의 생산·집하·가공에 필요한 자금을 융통하는 등 수출금융의 혜택을 받을 수 있다. 물품을 선적한 후에는 수출업자 소재지의 은행에 매도하여 수출대금을 곧바로 회수할 수 있다.

수입업자에게 편리한 점

신용장을 이용하면 수입업자는 신용장 개설은행의 신용을 배경으로 하여 수출업자와 가격·납기 등의 계약조건을 유리하게 조정할 수 있다. 또한 수출업자가 신용장에서 요구한 선적서류를 정확히 제시해야 하므로, 계약한 물품이 제대로 선적될 것이라는 확신을 가질 수 있다.

신용장에 기재된 최종 선적기일과 유효기일을 통해 계약한 물품이 제때 선적될 것이라는 확신을 가질 수 있다. 또한 선적서류를 인도받으면서 신용장 개설은행으로부터 수입화물대도에 따른 신용을 공여받으면 물품이 도착하여 판매되는 기간 동안 대금 결제가 늦춰지는 혜택을 받을 수도 있다.

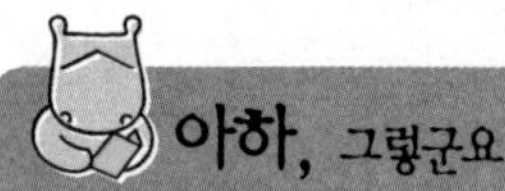

1997년~1998년 베트남 VP은행은 자체 발행한 신용장에 따라 효성물산 등 많은 수출업자가 선적하고 매입한 건에 대해 수입업자의 부도 등을 이유로 지급을 거절했다. 이에 따라 효성물산은 베트남 법원에 제소했으나, 수입업자에게 청구해야 한다는 이유로 패소했다.

■■■ 신용장거래의 위험한 점

수출업자에게 위험한 점

공신력 있는 금융기관이 보증한 거래임에도 불구하고 신용장 개설은행이 파산하거나, 신용이 실추되는 위험을 감수하고 대금지급을 거절할 경우에는 해결방안이 없다. 수입국 법원도 신용장 개설은행 편을 들어줄 때가 많다. 결국 대금 회수에 대한 위험은 전적으로 수출업자가 부담해야 한다.

수입업자에게 위험한 점

신용장거래의 독립성과 추상성으로 인해 신용장조건에는 부합하지만 실제 계약과 다른 서류가 제시될 경우 수입업자는 대금지급의무를 회피할 수 없다. 또한 수출업자가 신용장을 받고서 일방적으로 선적하지 않더라도 이에 대한 현실적인 대비책이 없다.

수출업자와 수입업자에게 모두 위험한 점

UCP의 내용이 무역을 하는 모든 국가의 상관습을 전부 포함하지 못한 채 서방 선진국 상관습 위주로 개략적으로 규정되어 있다. 이로 말미암아 상관습에 많은 차이가 나는 국가나 비영어권 국가와의 거래 시 문구 등의 해석 차이에 따른 분쟁이 자주 발생한다. 또한 UCP에도 불구하고 수입국이나 수출국의 법률적 제한에 신용장거래가 먼저 통제를 받는 경우도 있다.

꼭 기억해두세요!

신용장은 무역거래대금을 지급하기 위한 수단의 하나이지 계약 그 자체가 아니라는 한계를 가진다.

신용장 당사자의 특성을 알아보자

신용장거래와 관련되는 사람들을 통틀어서 '신용장 당사자' 라고 한다. 신용장거래의 주요 당사자는 개설신청인, 개설은행, 수익자, 매입은행 등으로 구성된다. 이 밖에도 많은 은행들이 원활한 신용장거래를 위해 개입한다.

■ ■ ■ 개설신청인

수출업자와 매매계약을 체결한 수입업자는 매매계약에 따라 자신의 거래은행에 소정의 담보와 수수료를 제공하고 수출업자 앞으로 신용장을 개설해줄 것을 의뢰한다. 따라서 신용장거래에서 수입업자를 '개설신청인applicant' 이라 한다. 물품의 실질적인 수하인이 되고 환어음의 최종 결제인이 된다. 매수인buyer, 수입업자importer, 채무자accountee, 수하인consignee, 어음지급자drawee, 신용제공자accreditor도 같은 의미로 사용된다.

■ ■ ■ 개설은행

수입업자의 요청과 지시에 따라 수익자인 수출업자 앞으로 신용장을 개설해주고, 신용장조건에 맞는 서류가 제시되면 수익자에게 물품대금을 지급하는 은행을 '개설은행issuing bank, opening bank' 이라 한다.

■ ■ ■ 수익자

신용장이 개설됨으로써 가장 커다란 혜택을 입는 당사자는 신용장을 받는 수출업자이다. 따라서 신용장거래에서는 수출업자를 '수익자beneficiary' 라 한다. 채권자이며 송하인이자 어음발행인이 된다. 수출자exporter, 판매자seller, 선적인shipper, 어음발행자 drawer, 대금영수인payee, 신용수령자accreditee, 수신인addressee, 사용자user라고도 불린다.

■■■ 통지은행

신용장 개설은행은 대부분 신용장의 개설과 그 내용을 수익자의 소재지에 있는 자신의 본 · 지점이나 환거래은행을 거쳐 통지한다. 이와 같이 개설은행의 요청에 따라 신용장을 단순히 수익자에게 통지해주는 은행을 '통지은행advising bank, notifying bank' 이라 한다. 통지은행은 거래에 관해 책임을 지거나 약정하지 않는다.

■■■ 확인은행

신용장 개설은행이 수출업자에게 잘 알려져 있지 않거나, 신용도가 낮은 경우에는 수입업자에게 요청하여 권위 있는 제3의 은행으로 하여금 개설은행처럼 지급확약confirmation을 하게 하는데, 이렇게 지급확약을 하는 은행을 '확인은행confirming bank' 이라 한다. 수익자의 입장에서는 개설은행 이외에 다른 은행으로부터 또 한 번의 지급확약을 받게 되는 효과를 얻는다.

쉽게 알자! 무역실무

■ ■ ■ 매입은행

수출업자는 물품선적을 완료한 후 신용장조건에 부합하는 서류에 환어음을 덧붙여 자신의 거래은행에 환어음의 매입을 신청한다. 이때 환어음을 매입하는 은행을 '매입은행negotiating bank'이라 한다. 매입은행은 개설은행이 최종적으로 대금을 지급할 때까지의 이자(환가료)와 수수료를 차감한 대금을 지급한다. 개설은행이 최종적으로 대금지급을 하지 않은 경우 수출업자는 받은 금액을 매입은행에 반환해야 한다.

■ ■ ■ 지급은행

신용장에서 매입은행에 의한 수출환어음의 매입을 인정하지 않고 특정 은행이 화환어음과 상환하여 수익자에게 지급할 것을 규정하는 신용장을 '지급신용장' 이라 한다. 또한 이러한 지급신용장에 따라 지급을 위탁받은 은행을 '지급은행paying bank' 이라 한다. 보통 수출국에 있는 개설은행의 지점이나 환거래은행이 지급은행이 된다.

■ ■ ■ 인수은행

신용장에 의해 발행되는 어음이 기한부어음일 것을 조건으로 하는 신용장을 '기한부신용장'이라 한다. 이와 같은 기한부신용장에 따라 자신의 은행 앞으로 발행된 환어음을 인수하는 은행을 '인수은행accepting bank'이라 한다. 인수은행은 수익자의 소재지 혹은 해외 소재지의 은행이 된다.

■ ■ ■ 상환은행

개설은행과 매입은행 사이에 환거래 관계가 없거나 멀리 떨어

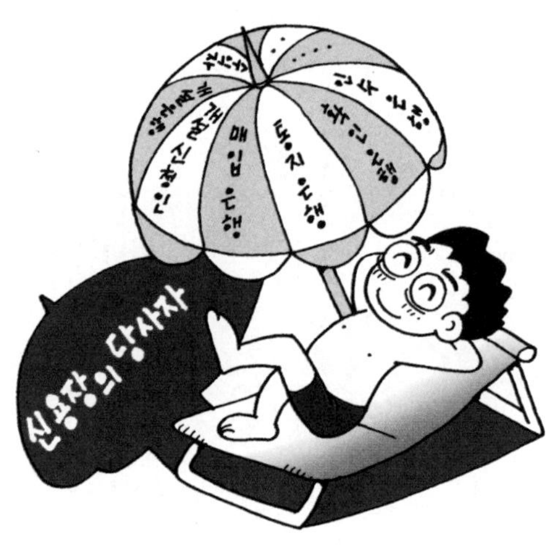

져 있을 경우 매입은행은 수출업자에게 지불한 매입대금을 개설은행으로부터 상환받는 데 어려움을 겪게 된다. 이때 개설은행과 매입은행 모두와 환거래 관계를 맺고 있는 제3의 은행이 있다면, 매입은행은 환어음과 관련된 서류는 개설은행에 직접 송부하고 대금은 이러한 제3의 은행에서 상환받을 수 있다. 이러한 제3의 은행을 '상환은행reimbursing bank' 또는 '결제은행settling bank'이라 한다.

꼭 기억해두세요!

신용장거래와 관련되는 사람들을 통틀어서 '신용장의 당사자'라고 하며, 개설신청인, 개설은행, 수익자, 매입은행 등이 주요 당사자이다.

신용장에는 어떤 것이 있는가

신용장도 결국 결제방식의 하나이므로 용도에 따라 다양한 종류가 있다. 무역환경의 변화와 사용자의 필요에 의해 발전되어온 여러 가지 형태의 신용장에 대해 알아보자

■■■ 취소가능신용장과 취소불능신용장

신용장 개설은행이 수익자에게 미리 통지하지 않고 일방적으로 변경하거나 취소할 수 있는 신용장을 '취소가능신용장revocable L/C' 이라 한다. 이러한 신용장에는 'Revocable' 이라는 표기가 있다. 이에 반해 개설은행이 신용장을 개설하고 수익자에게 통지한

이상 유효기간 내에는 당사자 전원이 동의하지 않는 한 일방적인 변경이나 취소가 불가능한 신용장을 '취소불능신용장irrevocable L/C' 이라 한다. 일반적으로 사용되는 신용장이다.

지급보증서의 성격을 가지고 있는 신용장의 특성상 취소가능신용장은 신용장 본래의 기능을 다하기 힘들고, 수익자의 입장에서 매우 불안하므로 받아들이지 않는 것이 좋다.

■■■ 일람불신용장과 기한부신용장

선적서류와 함께 환어음이 제시되는 다음날로부터 은행영업일 5일 이내 대금을 지급해야 하는 일람불어음인 경우를 '일람불신용장at sight L/C' 이라 한다. 이에 반해 환어음이 제시되고 일정 기간이 지난 후 대금을 지급받을 수 있는 기한부어음time draft인 경우를 '기한부신용장usance L/C' 이라 한다. 기한부신용장은 선이자를 차감하고 곧바로 할인매입을 할 수 있다.

■■■ 수출업자유전스신용장

수출업자가 자신의 신용을 토대로 수입업자에 대해 대금지급의 유예를 허용하는 신용장을 '수출업자유선스신용장shipper's usance L/C, seller's usance L/C' 이라 한다.

■■■ 내국수입유선스신용장과 해외은행인수신용장

수입업자에게 외상기간 동안 신용을 공여해주는 주체가 매입은행 또는 개설은행인 경우 이를 '은행인수신용장banker's usance L/C' 이라 한다. 어음인수의 주체가 해외에 있는 매입은행일 경우에는 '해외은행인수신용장overseas banker's usance L/C', 국내에 있는 개설은행일 경우에는 '국내은행인수신용장 혹은 '내국수입유선스신용장domestic import usance L/C' 이라 한다. 신용장 매입은행은 먼저 수출업자에게 일람불로 대금을 지급한 후 환어음 만기일에 개설은행으로부터 매입원금에 이자(원리금)를 더한 금액을 상환받는다.

■■■ 확인신용장과 미확인신용장

개설은행과는 독립적이고 보다 공신력 있는 제3의 확인은행이 수익자가 발행하는 어음의 지급 · 인수 · 매입을 확약하고 개설한 신용장을 '확인신용장confirmed L/C' 이라 한다. 이와 반대로 이러한 제3의 은행의 확약이 없이 개설된 신용장을 '미확인신용장

unconfirmed L/C'이라 한다.

확인신용장은 조건이 변경될 경우 반드시 확인은행의 서면동의를 얻어야 한다.

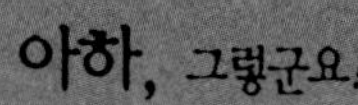

■■■ 양도가능신용장과 양도불가능신용장

신용장의 수익자가 갖는 권리의 전부 또는 일부를 제2의 수익자에게 넘겨주는 것을 '신용장의 양도transfer of L/C'라 한다. 신용장에 'transferable' 등의 표시가 되어 있어 신용장을 양도할 수 있는 권한을 주는 신용장을 '양도가능신용장transferable L/C'이라 한다. 이러한 표시가 없는 신용장은 모두 '양도불능신용장non-transferable L/C'으로서, 신용장에 나타난 수익자에게만 신용장 대금의 결제가 한정된다.

양도가능신용장에 의한 양도는 수직적으로는 1회에 한하여 가능하지만, 분할선적이 허용되는 경우 수평적으로는 여러 명에게 분할양도를 할 수도 있다. 또한 신용장에 다른 명시가 없는 한 다른 나라에 있는 제2의 수익자에게도 양도할 수 있다.

신용장 개설은행이 신용장에 따라 발행되는 어음의 매입·인수·지급을 특정 은행에 제한시키는 신용장을 '매입제한신용장restricted L/C'이라 한다. 이에 반해 어느 은행에서나 매입할 수 있도록 허용하는 신용장을 '매입무제한신용장unrestricted L/C'이라 한다. 일반적으로 매입제한신용장은 수출지에 개설은행이나 개설의뢰인과 특수한 관계에 있는 은행이 있는 경우에 이용되지만, 수출업자의 입장에서는 은행선택의 자유가 없어지므로 불리하다.

■■■ **화환신용장과 무화환신용장**

일종의 담보 역할을 하는 선하증권이나 상업송장, 보험증권 등의 선적서류가 첨부되어야만 어음대금을 결제받을 수 있는 신용장을 '화환신용장documentary L/C'이라 한다. 이에 반해 용역거래나 지급보증 등 본질적으로 담보 역할을 하는 선적서류가 존재하지 않는 경우에도 어음대금을 결제받을 수 있는 신용장을 '무화환신용장clean L/C'이라 한다.

■ ■ ■ 우편신용장과 전신신용장

개설은행이 자체의 고유한 양식에 따라 신용장을 개설한 후 항
공우편을 통해 통지하는 신용장을 '우편신용장mail L/C' 이라 한
다. 이에 반해 개설은행과 통지은
행 상호 간의 테스트키(test key, 암
호의 일종) 교환에 따라 전신으로
발행되는 신용장을 '전신신용장
cable L/C' 이라 한다. 요즘에는 대
부분 SWIFT 방식으로 신용장을
개설하고 컴퓨터가 SAK(SWIFT
Authentication Key)에 의해 신용장
의 진위를 확인한다.

SWIFT(Society for World-wide
interbank Financial Telecommuni-
cation, 국제금융결제망)
금융기관 간에 교환되는 각종 메시
지를 업무별로 표준화하여 전 세계
적으로 구성된 자체 통신망을 통해
자금이체 등의 금융업무를 저렴한
비용으로 신속하고 정확하게 처리
하기 위해 조직된 정보통신망이다.

■ ■ ■ 상환청구가능신용장과 상환청구불능신용장

수출업자가 발행한 어음을 매입한 은행이 신용장조건의 불일치
나 개설은행의 파산 등의 이유로 인해 개설은행으로부터 대금을
상환받지 못할 경우, 다시 수출업자에게 상환청구를 하여 대금을
돌려받을 수 있는 신용장을 '상환청구가능신용장with recourse
L/C' 이라 한다. 이에 반해 매입은행의 상환청구를 인정하지 않는

신용장을 '상환청구불능신용장without recourse L/C'이라 한다.

'상환청구불능without recourse'이라는 말이 있지만, 우리나라 어음법 제9조에서 어음소지인은 어음발행인에게 항상 상환청구권을 행사할 수 있도록 규정하고 있다. 이에 따라 우리나라에서는 사실상 상환청구가능신용장만 인정하고 있다.

▪▪▪ 지급신용장과 연지급신용장, 인수신용장과 매입신용장

신용장통일규칙에서는 신용장의 사용방법 또는 결제방법에 따라 네 가지 신용장으로 구분하고 있다.

'일람지급신용장sight payment L/C'이란 신용장에 의한 환어음의 매입 여부에 대해서는 언급하지 않고, 신용장조건에 따라 발행된 일람불어음이 신용장 개설은행이나 개설은행이 지정하는 은행에 제시되면 즉시 지급할 것을 어음발행인에게 확약하는 신용장이다.

'연지급신용장deferred payment L/C'은 어음을 발행하지 않고 수출대금을 물품의 선적일로부터 일정 기간이 지난 후에 결제받는 조건으로 발행하는 기한부신용장으로, 일반적으로 환어음을 발행하지 않는다.

'인수신용장acceptance L/C'은 수출업자에게 기한부어음을 발행하여 제시하도록 한 다음, 수입업자는 만기일에 대금지급을 확약하는 표시로 어음을 인수만 하고 대금 결제 전에 선적서류를 넘겨받는 조건의 신용장이다.

'매입신용장negotiation L/C'은 신용장에 따라 발행되는 어음이 다른 은행 등에 의해 매입될 것을 예상하고, 어음발행인은 물론 어음의 배서인 및 선의의 소지인에 대해서도 어음이나 매입대금의 결제를 확약하는 신용장이다.

아하, 그렇군요!

환거래은행correspondent bank
외국환거래를 하기 위해 한 나라의 외환은행은 해외의 다른 은행과 환거래에 관한 계약을 맺는데, 이 계약을 '환거래계약correspondent arrangement, agency arrangement'이라 한다. 환거래계약에서 상대은행을 '환거래은행'이라 하며, 예치금계정을 설정하여 환자금을 예치하는 은행을 '예치환거래은행 depository correspondent', 예치금계정을 설치하지 않고 거래계약만 맺은 은행을 '무예치환거래은행 non depository correspondent'이라 한다. 해외에서 송금을 받을 경우에는 보통 제3국에 있는 환거래은행을 거쳐 입금된다.

특수신용장에는 어떤 것이 있는가

■■■ 회전신용장

수입업자가 동일한 거래처와 동일한 물품을 계속해서 거래하는 경우 매번 신용장을 개설하는 것은 번거로울 뿐 아니라 비용도 많이 든다. 이러한 경우에 이용하는 신용장으로, 일정한 기간 동안 일정 금액의 범위 내에서 신용장의 효력이 자동적으로 갱신되는 신용장을 '회전신용장revolving L/C, self continuing L/C'이라 한다.

■■■ 전대신용장

　수출업자의 생산자금 부담을 덜어주기 위해 수입업자가 도와주는 방식으로, 수출업자가 원료구입비나 물품수집비용으로 활용할 수 있도록 일정한 조건하에서 수출대금을 미리 빌려주도록 하는 신용장을 '전대신용장red clause L/C, packing L/C' 이라 한다. 미리 빌려주는 것을 허용하는 약관이 보통 붉은 색으로 표시되기 때문에 'Red Clause 신용장' 이라 한다.

■■■ 연계무역신용장

　연계무역신용장에는 기탁신용장 · 동시개설신용장 · 토마스신용장이 있으며, 이들은 모두 수출국과 수입국 간에 수출입의 균형을 유지하기 위한 연계무역에 이용된다. 상대방 측에서 일정한 기간 이내에 동일한 금액의 신용장을 개설해오는 경우에만 유효하다는 조건이 붙는다는 공통점이 있다.

기탁신용장

　두 나라 간의 수출과 수입의 균형을 유지하기 위한 구상무역에 사용되는 신용장이다. 신용장조건에 따라 발행된 어음의 매입대금을 수출업자에게 지급하지 않고 수출업자 명의의 기탁계좌

escrow account에 입금해두었다가, 수출업자가 원신용장개설자로부터 수입하는 물품의 결제에만 사용하도록 규정된 신용장을 '기탁신용장escrow L/C' 이라 한다.

동시개설신용장

주로 구상무역이나 중계무역, 자금차입의 수단으로 사용되는 신용장이다. 신용장에서 상대방이 동시에 동일한 금액의 신용장을 개설하는 것을 신용장의 유효조건으로 삽입하고 개설하는 신용장을 '동시개설신용장back-to-back L/C' 이라 한다.

토마스신용장

무역협정이나 지급협정을 맺지 않은 나라 간에 수출입 균형의 유지를 위한 구상무역에 사용된다. 한쪽이 먼저 신용장을 개설하고 상대방은 일정 기간이 지난 후에 동일한 금액의 신용장을 개설하겠다는 보증서를 발행하는 것을 상대방 신용장의 유효조건으로 하여 개설하는 신용장을 '토마스신용장Thomas L/C' 이라 한다.

■ ■ ■ 보증신용장

물품대금의 결제가 아니라 금융이나 채무보증 등을 목적으로 개설하는 신용장을 '보증신용장stand-by L/C' 이라 하며, 무화환신용장의 범주에 속한다. 예를 들어, 국내 기업의 해외법인이 현지 은행으로부터 융자받거나, 입찰보증금이나 계약이행보증금 등이 필요한데 담보가 부족한 경우, 해외법인의 거래은행을 수익자로 하여 국내기업이 신청·개설한다.

▦ ▪ ▪ ▪ 내국신용장

수출업자가 수출물품을 국내의 다른 제조업자나 물품공급업자에게 매입하여 수출하는 경우가 많다. 이때 국내의 제조업자나 물품공급업자는 수출업자의 신용이 충분하지 않으면 수출업자가 신용장을 받았더라도 물품대금을 미리 달라고 하거나, 은행의 지급보증을 요구하기도 한다. 이때 수출업자는 물품을 쉽게 구입하기 위해 거래은행에서 자신을 수입업자로 하고, 제조업자나 공급업자를 수익자로 하는 또 다른 신용장 발행을 의뢰할 수 있다. 이와 같이 수출업자의 의뢰에 따라 외국환은행이 국내 제조업자 또는 공급업자 앞으로 발행하는 신용장을 '내국신용장local L/C' 이라 한다.

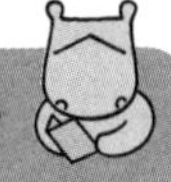

구매확인서

내국신용장에 의하지 않고 국내에서 외화획득용 원료나 물품을 구매하는 경우 외국환은행이 내국신용장과 비슷하게 발급하는 서류이다. 구매자가 신청하여 발급받은 후 공급자에게 제공하며, 과거에는 '구매승인서'라 했다. 은행의 지급보증이 없고 무역금융의 융자를 받을 수 없으며, 외화획득용 원료나 물품의 제조과정이 여러 단계인 경우에 제한 없이 발급할 수 있다는 점을 제외하고는 내국신용장과 그 기능이 같다. 수출실적이 인정되고 관세환급도 가능하다.

신용장통일규칙은 신용장거래의 등대이다

신용장통일규칙(Uniform Customs and Practice for Documentary Credits ; UCP)은 신용장이 국제 상거래를 촉진하기 위한 결제수단으로 널리 이용됨에 따라, 신용장거래에서 당사자의 주요 의무 및 신용장조건에 관한 국제적 해석기준을 마련하기 위해 국제상업회의소(International Chamber of Commerce ; ICC)가 1933년에 제정했다. 그 후 신용장통일규칙은 많은 국가들의 참여를 통해 실질적인 효력을 부여하고, 무역환경 및 국제상관습의 변화를 수용하기 위해 여섯 차례의 개정과정을 거쳤다. UCP는 오늘날 모든 신용장거래에서 사실상 전 세계적인 효력을 지니는 준거규칙으로 인정받고 있다.

▪▪▪■ 신용장 해석의 일반원칙

UCP는 신용장의 주요 사항에 대해 다음과 같이 규정하여, 신용
장 해석과 적용의 일반원칙으로 삼고 있다.

유효기일

수출업자가 신용장조건에 일치하는 서류를 지급 · 인수 또는 매
입은행에 제시해야 할 최종일자를 '유효기일(expiry date ; E/D)' 이

라 한다. 유효기일에 특정한 일자를 기재하지 않은 경우에는 신용장개설일을 그 첫째 날부터 계산하여 만료일을 마지막 날 하루 전까지로 해석한다. 신용장 유효기일이 은행의 휴업일과 일치하면 기일의 최종일자는 다음 최초의 영업일로 연장된다.

제시기일

선적기일 이후부터 신용장조건에 일치하는 서류를 제시해야 할 최종일자를 '제시기일(presentation date ; P/D)'이라 한다. 신용장에 제시기일이 규정되지 않은 경우에는 선적일 다음날로부터 21일을 경과하여 은행에 제시되는 서류는 수리되지 않는다. 제시기일이 은행의 휴업일과 일치하면 기일의 최종일자는 다음 최초의 영업일로 연장된다.

선적기일

신용장에 의해 거래되는 화물의 최종적인 유효 선적기일을 '선적기일(shipping date ; S/D)'이라 한다. 선적기일의 기준은 선하증권 상의 날짜 또는 선적이나 발송을 증명하는 수령인 날짜로 한다. 신용장의 유효기일 또는 제시기일이 은행의 휴업일과 일치하여 연장된다 할지라도 이로 인해 선적기일이 연장되지는 않는다.

분할선적

신용장 상 아무런 금지 표시가 없으면 분할선적이 허용되는 것으로 간주한다. 동일 항로를 따라 동일 운송수단으로 운송하고 선적서류가 동일 목적지를 명시하면, 선적서류의 발행일이 다르거나 선적항·수탁지·발송지가 달라도 분할선적으로 간주하지 않는다. 일정 기간의 할부선적이 규정된 신용장에서 그중 어느 한 선적분이 허용된 기간 내에 선적되지 않았을 경우, 신용장에 별도의 명시가 없는 한 해당 할부선적분은 물론 이후의 모든 선적분에 대해서도 신용장은 무효가 된다.

환적

환적은 신용장에 허용한다는 뚜렷한 문구가 없으면 금지하는 것으로 해석되지만, 전체 해상운송구간에 한 선하증권만 적용되면 신용장에서 환적을 금지하지 않는 한 환적이 허용된다. 신용장에서 환적을 금지하더라도 전체 해상운송구간에 한 선하증권만 적용되고, 관련 화물이 컨테이너·트레일러·래쉬선에 선적되면서 환적될 것이라는 표시가 있거나, 선적서류의 인쇄약관에 운송인의 환적유보권이 기재된 경우 은행은 그 선하증권을 받아들인다.

또한 신용장에서 환적을 금지하더라도 전체 운송이 하나의 항공화물운송장(air waybill ; AWB)으로 취급되면서 항공운송장에 환적되거나, 환적될 수 있다고 표시되어 있는 경우 은행은 그 서류를 수리한다.

각종 일자

기일과 관련하여 'to', 'until', 'till' 등의 용어를 사용하는 경우에는 언급한 특정 일자를 포함한다. 반대로 'from', 'after', 'before' 등의 용어를 사용한 경우에는 언급한 특정한 일자를 제외한다. 한 달에서 'first half'는 1일부터 15일까지이며, 'second half'는 16일부터 말일까지이다. 'beginning of a month'는 1일부터 10일, 'middle of a month'는 11일부터 20일까지, 'end of a month'는 21일부터 말일까지이다. 선적과 관련하여 'on or about' 등의 용어가 사용되면 지정일자부터 앞뒤로 5일 이내에 선적이 이루어져야 한다.

신용장의 양도

신용장 상의 수익자가 향유하는 권리의 전부 또는 일부를 수익자가 지시하는 제3자에게 양도하는 것을 '신용장의 양도'라 한다. 신용장을 지급 · 인수 · 매입을 하도록 수권받은 은행만이 양도를 취급할 수 있으며, 양도은행이 합의한 범위와 방법에 의해서만 양도가 가능하다. 양도는 신용장에 'Transferable'이라고 뚜렷이 표시되어 있을 때만 할 수 있으며, 양도가능신용장의 경우에 한해 원신용장과 동일한 조건으로 1회에 한해 제3자에게 양도할 수 있다. 분할선적이 허용되면 원신용장 금액을 여러 명의 수익자에게 양도하는 분할양도가 가능하다.

신용장조건의 변경

신용장조건의 변경이란 신용장 금액을 늘리거나 줄이는 것, 선적기일이나 유효기일을 연장하는 것, 상품명세나 수량, 분할선적 허용 여부를 변경하는 것을 뜻한다. 수출업자와 수입업자 사이에 말 혹은 서류로 합의한 사항은 결제은행을 구속하지 않으며, 개설은행·수익자·확인은행 등 신용장 당사자 모두가 합의해야만 신용장조건의 변경 및 취소의 효력이 발생한다. 조건변경이 여러 건 있으면 모든 건의 변경을 받아들이거나 거절해야지 일부만을 수락할 수 없다.

기타 통일규칙

신용장 발행일 이전에 발급된 서류도 수리가 가능하다. 또한 신용장에서 특별하게 명시하지 않는 한 갑판적재on desk shipment를 할 수 없다. 그러나 선하증권에 갑판적재를 할 수 있다는 인쇄약관이 있는 경우에는 은행이 수리할 수 있다. 은행은 'shipper's load and count' 또는 'said by shipper to contain' 이라는 내용물 부지약관 표시가 있거나 송하인이 신용장의 수익자가 아

부지약관

모든 컨테이너 선적에 운송인이 참관할 수 없으므로, 선적인이 직접 신직하고 그 내역을 알려준 것에 따라 선하증권을 발행하기 때문에 선적된 물품이 선하증권 상에 기재된 것과 다르더라도 책임을 지지 않는다는 약관이다. 신용장의 독립성·추상성이 은행 업무에 근거한 것처럼, 컨테이너 운송인의 책임한계를 정해 원활한 업무 수행을 가능하도록 한다.

닝 선적서류를 받아들인다.

신용장에 별도의 명시가 없으면 최저 부보금액은 CIF 또는 CIP 가액의 110%이다. 신용장에 별도의 명시가 없는 한 송장은 개설의뢰인 앞으로 수익자 이름을 작성해야 하며 서명할 필요는 없다. 송장상의 물품명세는 반드시 신용장과 같아야 한다.

신용장 상의 금액·수량·단가와 관련하여 'about'이나 'approximately'가 있는 경우에는 10% 이하의 과부족이 허용된다. 신용장이 수량을 포장단위·개별단위의 특정 숫자로 기재하지 않고 신용장 금액을 넘지 않는 범위 내에서 5% 이하의 수량 과부족이 허용된다.

신용장조건과 일치하지 않는 선적서류의 처리와 인도

은행이 매입은행으로부터 받은 서류가 외관상 신용장조건과 다르다는 이유로 서류 인수를 거절할 경우, 그 거절이 정당화되기 위해서는 개설은행이 서류를 받은 날 이후 은행영업일 5일 이내에 거절을 결정해야 한다. 그런 다음 거절의사 통지를 즉시 매입은행이나 수익자 등 서류제시자에게 전신이나 다른 신속한 수단으로 보내야 한다. 거절통지에는 신용장조건과의 불일치를 구체적으로 명시하고, 서류제시자의 지시를 기다리면서 보관하고 있거나 제시자에게 다시 보내는 중이라는 것 등을 명확하게 밝혀야 한다. 개설은행이 이러한 절차를 거치지 않거나 은행영업일 5일 이후에 했을 경우 이미 서류를 인수한 것으로 간주한다.

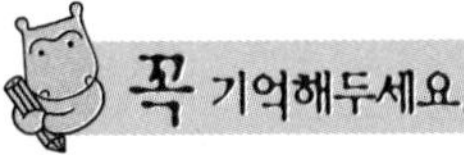

UCP는 신용장이 국제 상거래를 촉진하기 위한 결제수단으로 널리 이용됨에 따라, 신용장거래에서 당사자의 주요한 의무와 신용장조건에 관한 국제적 해석기준을 마련하기 위해 제정된 신용장통일규칙이다.

몽골 출장을 다녀와서

국민 대다수가 러시아어를 구사하는 몽골은 러시아 영향권으로, 전통적으로 러시아산 차량을 많이 수입해왔다. 그런데 한국이 IMF(국제통화기금)를 겪은 후부터 갑자기 한국산 중고차의 수입이 급격히 증가하여 포화상태에 이르렀다. 실제로 울란바토르Ulan Bator 시내를 둘러보니 거리에 지나다니는 차량의 70%가 한국차였다.

그런데 몽골은 수도인 울란바토르 시를 제외하고는 도로 상태가 좋지 않아 국민 대다수가 지프차를 선호한다고 한다. 그 중에서도 특히 러시아산 UAZ(Ulyanovsk Automobil Zavod)를 많이 사용하는데, 이 차는 가격이 저렴하고 구조가 간단하며 정비하기도 쉽다. 게다가 몽골의 시골지역에 공급되는 러시아산 휘발유는 한국차에 적합하지 않다. 따라서 울란바토르 시에서 한국차가 많이 팔린다고 해서 몽골 전역까지 수요가 확대된다고 기대할 수 없다.

몽골의 중고차시장을 조사한 결과, 우리 회사의 독자적인 판매법인 설립은 타당성이 없으며 일반 판매로 충분하다는 결론에 이르렀다. 현재 한국에 합법적·비합법적으로 체재하는 1만 5천 명에서 2만 명에 이르는 몽골인들이 귀국할 때 중고차를 사가고, 전문 수입업자가 고정적으로 한국에 와서 직접 차량을 구매하고 있다. 이런 상황에서는 우리가 현지 판매법인을 설립하더라도 시장우위를 점할 수 없을 것이다. 그나마 사고차와 중고부품을 판매하기 위한 현지 합작회사의 설립은 고려할 만한 가치가 있지만, 현재 진행중인 협상을 마무리한 후 협의해도 늦지 않을 것이다.

최적의 무역운송수단을 선택하라

The Foreign Trade

무역운송의 기본을 파악하라
수출입 운송절차는 어떻게 진행되는가
해상운송은 무역운송의 대부분을 차지한다
항공운송이 점차 확대되고 있다

운송은 무역의 핵심적 요소이다. 운송비용은 수출입비용에
서 물품의 구매비용 혹은 생산비용 다음으로 큰 비중을 차지하고, 물품을 원래
의 상태대로 공급하고 납기를 지키기 위해서는 적절한 운송방법을 선택해야
한다. 그럼에도 불구하고 다른 분야에 비해 운송에 대한 관심과 연구는 부족한
편이다. 전문 운송업체에 맡기면 된다고 쉽게 생각하기 때문이다. 수출업자나
수입업자가 취급하는 물품의 특성에 밝고 원가에 민감하다면 보다 나은 운송
방법을 찾을 수 있을 것이다.

이번 마당에서는 무역운송에 대해 꼼꼼하게 살펴보자. 물품이 제때 안전하게
수송되어야만 무역거래 자체가 성립될 수 있다.

무역운송의 기본을 파악하라

다량의 대형 화물 수송이 국제 간에 이루어지는 것을 '무역운송'이라 한다. 운송비용은 수출입비용에서 큰 비중을 차지하며, 무역계약의 핵심인 납기에 직접적인 영향을 미친다. 무역거래는

수출입 관련 물류정보는 한국무역협회(shippersgate.kita.net)와 〈Korea Shipping Gazette〉에서 체계적으로 제공하고 있다. 〈Korea Shipping Gazette〉는 인터넷이 없던 시절에 무역회사와 운송회사의 필수품이었고 지금도 많은 회사들의 관심을 받고 있다. www.shipschedule.co.kr에서 온라인서비스도 실시한다.

'Give and take'이다. 구매자인 수입업자가 계약대로 결제해야 한다면, 판매자인 수출업자는 계약된 물품이 제때 도착할 수 있도록 납기를 지켜야 한다. 운송하는 물품의 특성과 납기에 적합한 운송수단을 적정한 가격에 확보하지 못하면, 납기를 지키지 못해 결제를 받지 못하거나 손해배상을 청구당할 수 있다. 설사 납기를 지켰더라도 과다한 운송비용으로 인해 손해를 볼 수 있다.

■■■ 무역운송에 적용되는 주요 용어

먼저 무역운송에서 자주 사용하는 용어를 살펴보자. 용어를 모르면 작업의 진행이 안 되고 일에 차질을 빚을 수도 있다.

컨테이너야드(CY)

'Container Yard'의 줄임말로서, 항구의 안이나 밖에 위치하며 컨테이너를 인수·인도·보관하는 장소를 말한다. 일반적으로 화물을 적재·양하하기 위해 컨테이너를 정렬시키는 마샬링 야드

marshalling yard를 포함하고 있다.

컨테이너 프레이트 스테이션(CFS)

'Container Freight Station'의 줄임말로서, 컨테이너 한 대를 채울 수 없는 소량의 화물을 건네거나 받아서 보관하고, 컨테이너에 넣거나 끄집어내는 작업을 하는 장소를 말한다. CY 안이나 옆에 있으며, 지붕과 벽으로 이루어진 창고이다. 보통 도어door 작업을 할 때 이용하며, 한 수출업자가 여러 제조업체의 물품을 또는 한 포워더가 여러 수출업자의 물품을 한 컨테이너에 채울 때 여기서 작업한다.

만재화물(FCL)

'Full Container Load'의 줄임말로서, 컨테이너 한 대를 채우기에 충분한 양의 화물을 말한다.

소량화물(LCL)

'Less than Container Load'의 줄임말로서, 컨테이너 한 대를 채울 수 없는 소량의 화물을 말한다. 다른 화주의 화물과 혼재하므로 혼재화물이 된다.

TEU, FEU

'Twenty Foot Equivalent Unit'와 'Forty Foot Equivalent

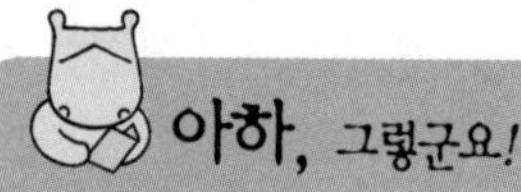

> **복합운송combined transport**
> 두 가지 이상의 상이한 운송수단에
> 의해 화물을 목적지까지 운반하는
> 운송형태를 말한다.

Unit'의 줄임말이다. 각각 20ft형 컨테이너의 환산개수단위, 40ft형 컨테이너의 환산개수단위라고 말한다. 컨테이너선의 적재능력이나 하역능력, 컨테이너 화물의 운송 실적 등을 표시하는 데 사용된다. 어떤 컨테이너선이 4천 TEU 크기라면 20ft형 컨테이너 4천 개를 실을 수 있다는 뜻이다.

운송주선인(freight forwarder)

자신이 운송수단을 가지고 있지 않고, 운송을 맡긴 수출업자의 화물을 수하인에게 인도할 때까지 입출고·집화·선적·운송·보관·배달·보험 등의 업무를 주선하거나 수행하는 사람 혹은 법인을 말한다. 복합운송 체제하에서 스스로 운송계약의 주체가 되어 복합운송인으로서 복합운송증권을 발행하고 전 구간의 운송 책임을 부담하는 사람이나 법인도 포함된다.

■■■ 무역운송에 사용되는 서류

선하증권(B/L)

'Bill of Lading'의 줄임말로서, 화주와 선박회사 간의 해상운

송계약에 따라 선박회사나 운송주선인이 발행하는 유가증권을 말
한다. 화물에 대한 청구권(소유권)을 행사할 수 있으며, 선적서류
중 가장 중요하다.

본선수취증(M/R)

'Mate's Receipt' 의 줄임말로서, 여기에 기재된 상태로 화물을
수령했음을 인정하는 영수증이다. 선적을 마친 후 일등항해사가
검수집계표를 근거로 선적화물과 선적지시서를 대조하여 작성한
후 송하인에게 교부한다. 본선수취증은 권리증권이 아니므로 화
물에 대한 권리행사에 제약이 따르지만, 선적선하증권의 발행을
요구할 수 있다. 일반적으로 부정기 재래선 운송에 사용되며, 컨
테이너 화물의 부두수취증과 비슷하다.

부두수취증(D/R)

'Dock Receipt' 의 줄임말로서, CY에 상주하는 선박회사 직원
이나 위임받은 CY 운영자가 발행하는 화물의 수령증을 말한다.
실무에서는 거의 발급되지 않고 수출신고서에 날인 또는 가입고
증(미통관화물)으로 대신하기도 한다.

항공화물운송장

항공 · 육상 · 내륙수로를 통해 운송할 때 발행하는 화물송장에
대한 포괄적인 용어를 'Consignment Note' 라 한다. AWB는

‘Air Waybill’의 줄임말로서, 선하증권과 유사하게 항공화물을 운송할 때 발급한다.

화물수취증(FCR)

‘Forwarder's Certificate of Receipt’의 줄임말로서, 운송중개인이 화물을 인수했다는 사실을 확인하는 서류이다. 단순한 수취증에 불과하며 신용장통일규칙상의 선적서류에는 포함되지 않는다.

꼭 기억해두세요!

다량의 대형 화물 수송이 국제 간에 이루어지는 것을 무역운송이라고 한다.
무역운송에 사용되는 서류에는 선하증권, 본선수취증, 부두수취증, 항공화물운송장, 화물수취증 등이 있다.

수출입 운송절차는 어떻게 진행되는가

수출입운송은 운송수단과 운송시기를 확정하고, 운송인이 지정하는 장소까지 선적물품을 운송하는 절차를 말한다. 절차를 놓치면 일이 꼬인다. 기본에 충실하면서 절차를 지키는 것이 좋다.

■ ■ ■ 수출운송절차

선적시기 결정과 운송방법 선택

선적시기를 결정할 때에는 수입업자의 현지 판매시기를 기준으로 생산(제조업자의 경우 원자재 확보기간 포함), 내륙운송, 선적, 항해, 하역, 수입통관 등에 소요되는 기간을 모두 감안하여 선박일정을 조정해야 한다.

무역운송은 공장과 창고에서 공항과 항구까지 운송하는 내륙운송이, 공항과 항구에서 수입국의 목적지까지 운송하는 국제운송으로 연결된다. 내륙운송으로는 철도를 이용하는 철도운송, 도로를 이용하는 육로운송, 가까운 바다를 이용하는 연안해안운송 등이 활용된다. 국제운송은 항공운송과 해상운송이 이용된다.

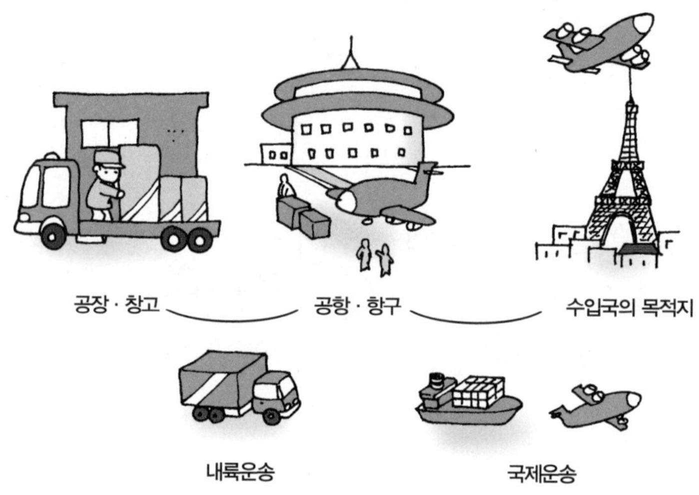

선적 협의와 선적 예약

EXW 조건과 F 그룹 조건의 경우에는 수입업자가 지정한 운송회사, 그 외의 거래조건에서는 수출업자가 원하는 시기와 출발항에서 화물을 운송해줄 운송회사를 찾아 선적 협의를 한다. 일반적으로 중소 무역업체의 경우 한두 개의 운송중개업체에 전체 운송을 일임하기도 한다.

선적 협의에 포함되어야 할 내용은 다음과 같다.

- 어디에서 어디까지 운송할 것인가
- 항공운송인가, 해상운송인가
- 수출인가, 수입인가
- 일반 화물인가, 컨테이너 화물인가
- 화물의 종류와 수량은 어떻게 되는가
- FCL인 경우 20ft형 컨테이너인가, 40ft형 컨테이너인가
- LCL인 경우 용적은 얼마나 되는가

내륙운송과 해상운송 요금은 FCL 선적의 경우에는 컨테이너 한 대를 가득 채울수록 단위당 요금이 낮아지는 데 반해, LCL 선적은 단위당 일정한 요금이 고정적으로 부과된다. 항공운송은 목적지가 어디이거나 매주 1~2회 이상의 비행기 편이 있고, 항공기간이 짧아 그다지 까다롭지 않다.

운송수단이 결정되면 구체적으로 다음의 내용을 확인해야 한다.

- 입출항일정, 운송기일, 직항 혹은 환적 여부
- 선박의 출항 예정일자, 도착 예정일자
- 화물수취 마감시간에 컨테이너에 선적할 경우 CY 혹은 CFS 도착마감시간, 관할 세관과 CY 담당자 및 연락처

2003년 2월 3일부터 미국행 컨테이너 화물에 대해 컨테이너안전협정(container security initiative ; CSI)과 관련 적하목록의 선적전신고의무가 강제된다. 즉, 선박회사나 NVOCC(Non-Vessel Operating Common Carrier, 선박을 직접 운용하지 않는 운항선사나 포워더)는 선적지에서 해당 컨테이너를 적재하기 24시간 전에 미국 세관에 적하목록을 신고하여 승낙을 얻어야 한다. 따라서 미국으로 수출하려는 수출업자는 선사나 포워더에게 반드시 선적 전에 S/R과 더불어 다음과 같은 것을 통지해야 한다.

① 실제 화물명
② 정확한 포장상태(포장단위와 개수)
③ 실제 수출업자의 상호와 주소
④ 실제 수입업자의 상호와 주소

위의 사항을 모두 확인한 후에는 팩스나 인터넷으로 선적예약 space booking을 한다.

선적요청서 제출

전화로 계약이 성립되면 정식으로 선적요청서(shipping request ; S/R)를 제출한다. 선적요청서는 별도의 양식이 있지만, 선박회사에 포장명세서를 송부하면 손쉽게 해결되며 선박회사에서 요청하면 선복확약서를 작성한다. 일단 선적요청서를 제출한 후 일방적으로 취소할 경우에는 운송회사로부터 위약금 보상을 청구당할 수 있다.

화물 포장과 출고 준비, 수출통관

선박을 이용한 해상운송은 철도나 트럭에 의한 육로운송과 달리 운송과정중 요동이 심하므로 견고하게 포장해야 한다. 운송 도중에 포장문제로 인해 물품에 손상이 발생했다면 보상을 받지 못한다. 포장과 출고는 선적협의 시 요청된 시간 내에서 선박회사가 지정한 장소까지 운송·보관시킬 수 있도록 미리 준비한다. 포장

쉽게 알자! 무역실무

과 출고 준비가 완료되면 수출신고를 하고 수출신고필증을 발급
받는다.

컨테이너에 화물 싣기

컨테이너 전용선을 통해 운송하고자 할 경우 수출업자는 선박
회사에 빈 컨테이너를 요청해야 한다. 컨테이너가 배달되면 직접
안에 들어가서 새는 곳은 없는지, 바닥이 허술한 곳은 없는지 꼼
꼼히 확인해야 한다. 선적 도중 혹은 항해 도중에 컨테이너에 물
이 스며들어 화물이 손상되었을 경우에는 선박회사가 보상하지
않는다.

출고와 육상운송

컨테이너에 화물을 모두 실은 후에는 화주의 책임하에 컨테이
너 실container seal을 컨테이너에 부착한다. 컨테이너 실 번호는
도착확인과 선하증권을 발행할 때 참고내용으로 쓰이므로 반드시
적어두는 것이 좋다. 화물적입 작업은 보통 3~4시간 이내에 완
료해야 하며, 이 시간을 초과할 경우에는 컨테이너 회사에서 대기
료를 요구할 수 있다.

컨테이너 운송화물은 FCL일 때 입고할 CY가, LCL일 때 입고할
CFS가 미리 정해진다. 그러나 벌크선은 하역작업의 불규칙성 등
으로 인해 실제 접안 하루 전에 해양항만청에서 접안할 부두와 선
석을 결정한다. 따라서 벌크선을 이용할 경우에는 부두와 선석이

정해지면 지정된 장소로 화물을 옮기는 것이 좋다.

화물의 입고와 인도

컨테이너 화물은 부두 근처의 CY 정문이나 수출업자의 창고에서 선박회사가 직접 화물을 인수한다. 이 경우 담당자로부터 화물이 CFS나 CY에 도착했는지 반드시 확인받아야 한다. 간혹 화물이 도착했으나 도착확인이 되지 않아 선적을 못하기도 한다.

선하증권과 항공운송장의 인수

화물을 지정된 선박에 정상적으로 선적한 후 선박회사는 운송계약에 따라 수출업자로부터 CFR 조건이나 CIF 조건에서 해상운임을 수령한 후 혹은 FOB 조건에서 부대비용을 수령한 후 선하증권을 발행한다. 선하증권은 선박회사가 화물을 인수한 즉시 발급하는 수취증(컨테이너 화물일 경우 D/R, 재래선 화물일 경우 M/R)과 교환하여 발급하는 것이 원칙이다. 그러나 실무에서 D/R이나 M/R은 선박회사 내부에서 다루어지며 특별한 요청이 없는 한 수출업자에게 직접 교부하는 일은 거의 없다.

출항 확인과 선적신고

성수기일 때는 본선적재선하증권을 발행한 후에도 업무착오나 대기업 화물에 밀려 실제로 선적되지 않는 경우도 있다. 또 사전 양해나 통지 없이 일방적으로 운항 일정이 바뀔 수도 있다. 이런 경우에는 확인하고 또 확인해야 한다. 대형 컨테이너 선박회사는 홈페이지에서 선하증권 번호를 통해 화물추적이나 도착통지서비스를 제공하고 있으므로 이곳을 이용해 착오가 없는지 확인해보는 것도 좋다. 한편 운송회사는 출항 후 무역자동화시스템을 통해 수출신고를 한 화물이 선적되었다는 신고를 해야 한다. 수출신고일 이후 30일 이내 선적신고를 하지 않으면 수출업자가 과태료를 납부해야 한다.

■■■ 수입운송절차

베트남에서 가구를 컨테이너 단위로 수입한다고 가정해보자. 이 컨테이너가 인천항에 도착하기 직전이나 도착한 직후부터 통관절차와 물품인수 단계를 거쳐 창고로 옮길 때까지의 일련의 절차를 '수입운송절차' 라 한다.

선하증권 원본의 수취

신용장방식, D/P 방식, D/A 방식으로 수입하는 경우에는 신용장 개설은행이나 거래은행을 통해 선하증권 원본을 수취하고, 이 외에는 수출업자로부터 직접 선하증권 원본을 수취하기도 한다.

도착통지 접수

운송회사는 수입업자가 도착된 화물을 인수할 수 있도록 수입국에 있는 대리점과 교신하여, 수입업자에게 화물이 도착했음을 알리는 도착통지서arrival notice를 보낸다. 도착통지를 받지 못한 경우에는 운송회사에 연락하여 도착 상황을 직접 확인하는 것이 좋다.

수입통관

물품이 도착하면 지정된 보세구역에 장치되었다는 사실을 확인한 후 세관에 수입신고를 해야 한다. 출항전신고와 입항전신고를 하는 경우에는 예외적으로 부두직통관이 가능하며, 이 경우 2~3일 정도 걸린다.

화물인도지시서와 화물의 수취

선박회사에 선하증권 원본을 제출하고, 미지급된 운임이나 기타 비용을 정산한 후 화물인도지시서(delivery order ; D/O)를 발급받는다. 선하증권 원본이 도착하지 않은 경우에는 신용장 개설은행에서 수입화물선취보증서(letter of guarantee ; L/G)를 발급받아, 선하증권 대신 선박회사나 포워더에 제출하면 화물인도지시서를 받을 수 있다. 수입화물선취보증서를 발급받으려면 은행에 물품대금을 결제해야 한다. 이렇게 발급받은 화물인도지시서를 보세창고나 CY, CFS에 제출하면 화물을 수취할 수 있다.

일반적으로 수출운송절차는 다음과 같다.

선적시기 결정과 운송방법 선택 → 선적 협의와 선적 예약 → 선적요청서 제출 → 화물 포장과 출고 준비, 수출통관 → 출고와 육상운송 → 화물의 입고와 인도 → 선하증권과 항공운송장의 인수 → 출항 확인과 선적신고

일반적으로 수입운송절차는 다음과 같다.

선하증권 원본의 수취 → 도착통지 접수 → 수입통관 → 화물인도지시서와 화물의 수취

해상운송은 무역운송의
대부분을 차지한다

해상운송shipping transportation, ocean transportation은 바다 위에서 선박을 이용해 사람이나 재화를 장소적·공간적으로 이동시키는 것을 말한다. 대량운송이 가능하고 경제적이어서, 원거리 이동이 필수적인 무역물품의 운송에 가장 적합한 운송형태로 널리 이용되고 있다.

■■■ 해상운송에 활용되는 항로

해상운송 시 이용되는 항로의 종류는 크게 정기선과 부정기선으로 구분된다.

정기선

정해진 항로와 운임률, 운항계획에 따라 정기적으로 운항하는 선박을 '정기선liner' 이라 한다. 정기선 선박회사들은 상호 간의 운임경쟁을 피하기 위한 운임협정과 공동으로 항로를 운영하는 배선협정을 결성하여 가입하는데, 의무적으로 가입해야 하는 것은 아니다. 이에 따라 정기선은 다시 동맹선과 비동맹선으로 나누어진다.

| 동맹선 | 특정한 항로에서 선박회사 상호 간에 협약을 맺은 선박을 '동맹선conference line' 이라 한다. 이것은 일종의 카르텔과 같다. 항로의 안정과 운임경쟁을 방지하며, 양질의 서비스 제공을 목적으로 한다. 최근에는 해운동맹의 기능이 약화되어 전략적 제휴를 추진하는 경향이다.

| 비동맹선 | 특정 항로에서 동맹에 가입하지 않고 독자적으로 동맹선과 운임 및 서비스 경쟁을 벌이는 선박을 '비동맹선non-conference line' 이라 한다. 일반적으로 동맹선에 비해 운임이 저렴하다.

부정기선

정해진 항로 없이 화주가 필요한 시기에 맞춰 화물을 운송하는 선박을 '부정기선tramper' 이라 한다. 운송계약을 체결할 당시의 상황에 따라 운임이 수시로 변동하므로, 운송화물에 가장 적합한 선박을 배선하는 것이 중요하다. 주로 곡물·석탄·광석·목재 등의 벌크화물을 적재하며, 항해의 신속성이나 정확성보다 운임의 저렴함을 중시한다. 운송의 효율화를 위해서는 선박의 대형화와 전용선화가 필요하며, 운송계약은 용선계약서(charter party ; C/P)에 의한다.

■■■ 선박

선박은 해상운송에서 가장 중요한 요소이다. 부피나 무게를 기준으로 전체 무역 물동량의 98%를 해상운송이 차지하고 있으며,

화물의 종류에 따라 이용해야 하는 선박도 다르다. 선박의 종류에 따라 선적방법도 다르므로 선박의 구조와 운용방법을 잘 파악해두어야 한다.

선박의 크기

무역운송에서는 화물의 적재량에 따라 정확한 크기의 선박을 선택하는 것이 무엇보다도 중요하다. 선박의 크기는 일정한 무게를 기준으로 따지는 중량톤과, 일정한 부피를 기준으로 따지는 용적톤이 있다. 일반 화물선은 총 톤수를 100으로 할 때 순 톤수는 62, 배수톤수는 210, 재화중량톤수는 150이 되며, 자동차전용선의 경우에는 총 톤수가 재화중량톤수의 3배 이상 된다.

선박 관련 주요 용어
- BM(moulded breadth) — 형폭. 배의 가장 넓은 부위 너비
- Derrick — 선박에 장치된 하역도구
- Draft, Draught(흘수) — 화물을 가득 실었을 때의 선박 정중앙부에서 물밑으로 가라앉은 배의 깊이
- ETA(estimated time of arrival) — 입항예정시각
- ETD(estimated time of depart- ure) — 출항예정시각
- ETC(estimated time of completi- on) — 하역완료 예정시각
- Flag — 선박의 국적을 나타내는 기
- Hatch — 창구. 선박으로부터 선창으로 들어가는 출입구
- Hold — 선창. 선박 내부에 화물을 넣어두는 장소
- LOA(Leghth Overall) — 전장. 선체에 고정적으로 부속된 모든 돌출물을 포함한 뱃머리 맨끝으로부터 배꼬리의 맨끝까지의 거리
- Knot — 시간당 1해리(1,852m)

| 중량톤 | 중량톤은 배수톤수와 재화중량톤수의 두 가지가 있다. 배수톤수displacement tonnage는 '만재중량톤수' 라고도 하며,

탑재물을 포함한 선박 전체의 중량을 말한다.

재화중량톤수(dead-weight tonnage ; DWT)는 선박이 적재할 수 있는 화물의 최대 중량을 말한다. 해운업에서 이 톤수를 기준으로 화물의 크기를 평가하며, 선박의 매매나 용선료 산정의 기준으로 활용된다.

| **용적톤** | 용적톤에는 총 톤수, 순 톤수, 벌크화물적재량, 용적적재량 등이 있다.

총 톤수(gross tonnage ; G/T)는 선각으로 둘러싸여진 선체의 총 용적으로부터 갑판 상부에 있는 추진·항해·안전· 위생에 관계되는 공간을 뺀 전체 용적을 말한다.

순 톤수(net tonnage ; N/T)는 상행위에 직접적으로 사용되는 면적, 즉 화물이나 여객의 수용에 제공되는 용적을 말한다.

용적적재량bale capacity, bale space은 선창의 용적을 말한다.

벌크화물적재량(grain capacity ; G/R)은 곡물이나 기름 등 벌크화물의 운송에 적합한 선박 선창의 총 용적을 말한다.

선박의 종류

무역운송에서 이용하는 선박에는 여러 가지 종류가 있다. 대표적으로 사용되는 선박은 원유 및 정제유를 수송하는 탱커tanker, 곡물·석탄·광석 등을 수송하는 벌크선bulk carrier ship, 컨테이너를 운반하는 컨테이너선container ship, 자동차만 전문적으로

운송하는 PCCpure car carrier ship, 화물이 굴러서roll 적재되고on
굴러서roll 하역된다off는 의미의 Ro-Ro선 등이 있다. 이 밖에도
적재물의 용도에 따라 다양한 종류의 선박이 있다.

■■■ 항구와 컨테이너 부두

해상운송은 대부분 컨테이너선으로 이루어진다. 우리나라에서
는 무역항으로 지정된 29개 항만 중 부산항·인천항·울산항·
광양항·마산항 등이 컨테이너 화물 수송이 가능하다. 컨테이너
선이 전용으로 정박하며, 컨테이너를 싣고 내리는 장소가 컨테이
너 부두이다.

컨테이너 부두는 다음과 같은 구조로 되어 있다.

- Berth(선석, 계선안) — 선박이 접안해 하역작업을 할 수 있도록 만들
  어진 접안장소
- Apron(화물하역용 광장) — 안벽에 접한 부분에 일정한 폭으로 나란
  히 있는 하역작업을 위한 공간
- Marshalling Yard(마샬링 야드) — Apron에 이웃하여 하역했거나 곧
  바로 적재할 컨테이너를 정렬하고 보관하는 장소
- On-dock CY(갑판적 컨테이너야드) — 컨테이너 전용 터미널 내에
  있는 CY
- Off-dock CY(ODCY) — 컨테이너 전용 터미널과 떨어져 있는 사설
  CY

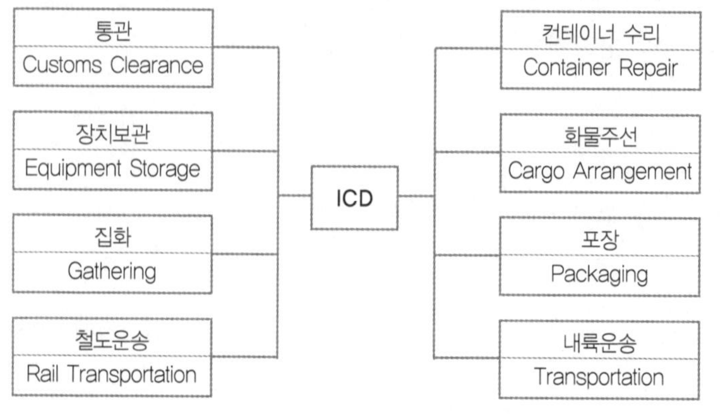

출처 : 양산ICD 홈페이지(www.ysicd.co.kr)

■ ■ ■ 내륙컨테이너 통관기지

항구의 컨테이너 부두와 유사한 기능을 하는 내륙시설로서 고정설비를 갖추고, 화물의 일시적 저장과 취급, 공로운송 및 통관을 하는 장소를 '내륙컨테이너 통관기지(inland container depot ; ICD)'라 한다. 도로 및 항만의 적체현상을 해소해 컨테이너 수출입 화물의 원활한 수송을 꾀하는 것이 주목적이다. 이외에도 간이보세운송, 관세환급, 수취선하증권(received B/L) 등을 발급한다.

▫▪■ 해상운송계약

　해상운송계약은 운송인이 해상에서 선박을 이용하여 물품운송을 인수하는 계약이다. 송하인은 화물을 해상으로 운송하는 경우 화물의 수량이나 항로사정을 감안하여 운송형태를 정한다. 정기선을 이용할 경우에는 개품운송계약을 체결하고, 부정기선을 이용할 경우에는 용선운송계약을 체결하는 것이 일반적이다.

개품운송계약

　선박회사가 다수의 송하인들과 화물운송을 개별적으로 체결하는 계약을 말한다. 주로 정기선을 이용하며, 별도의 계약서를 작성할 필요가 없다. 따라서 개품운송계약은 송하인이나 대리인인 운송인이 선박회사나 그 대리점 등이 발행하는 배선표를 잘 검토하여 적당한 선박을 선정한 다음, 운송을 신청하면 운송인이 이를 승낙함으로써 체결된다.

용선운송계약

　다른 사람이 소유한 선박을 일정한 조건으로 차용할 때 체결하는 계약을 말한다. 즉, 선박회사로부터 선복의 전부 혹은 일부를 빌려 화물을 운송하는 경우에 체결하는 계약이다. 곡물·석탄·원목, 광석 등 1회의 적하량이 많고 특수한 화물에 이용하며, 부정기선을 이용하는 것이 일반적이다.

구 분	개품운송계약	용선운송계약
운송형태	불특정 다수의 화주로부터 개별적으로 운송요청을 받아 개개 화물 형태로 운송	특정의 단일 화주의 특정 화물을 선적하기 위해 선박의 선복을 빌려주는 형태로 운송
선 박	정기선	부정기선
화 물	주로 컨테이너 화물 및 기타 단위 화물	원유, 철광석, 석탄, 곡물 등 벌크 화물
계약서	최종적으로 선하증권이 발급되어 확실한 계약서 역할을 함	화주가 직접 여러 가지 조건을 운송인과 협의하여 용선계약서 교환
운 임	공표된 운임	수요공급에 따라 변동
운임조건	Berth Term = Liner Term	FIO, FI, FO

용선운송계약은 크게 일부용선계약partial charter과 전부용선계약whole charter으로 나눌 수 있다. 전부용선계약은 다시 일정한 계약기간을 정하고 계약하는 정기용선계약time charter과 특정한 항구로부터 특정한 항구까지의 항해를 정해 계약하는 항해용선계약voyage charter, 용선하는 측이 선박 이외에 선원과 장비, 소모품 일체에 대해 책임지는 나용선계약bareboat charter이 있다.

▪▪▪ 해상운임

시장이 가격을 중심으로 질서를 유지하는 것과 마찬가지로 운송에서는 운임을 중심으로 질서가 유지된다. 선박회사가 선박을 이용해 사람이나 화물을 수송한 대가로 지불·수취하는 돈을 '운임'이라 한다. 이것은 부가가치세가 면제되는 영세율이 적용되며, U$로 청구한다.

해상운임의 단위와 산정기준

운임은 중량·용적·가액 등에 따라 부과된다. 기본적으로 화물의 무게와 부피가 운임계산의 기준이 되며, 고가품일 경우에는 가액과 가격을 기준으로 부과한다. 특별한 취급을 요하는 화물이나 특수한 사정이 발생하면 추가운임이나 할증운임이 가산되기도 한다. 운임은 원칙적으로 운송인의 재량에 따라 부과되므로, 운송인은 자신에게 유리한 운임기준을 선택한다. 이를 운임톤(revenue ton ; R/T)이라 하며 흔히 'W/M(weight or measurement)'으로 표기한다.

무게를 기준으로 삼는 화물을 중량화물weight cargo이라 하고, 그 단위는 Long Ton(1,016.05kg), Metric Ton(1,000kg), Short Ton(907.18kg) 등이다. 한편 부피를 기준으로 삼는 화물은 용적화물measurement cargo이라 하고, 그 단위는 cbm이다.

운임률표에는 항로별·상품별로 W, M, W/M 등의 표시가 기재되는데, W는 중량에 의해, M은 용적에 의해 운임이 결정된다. W/M은 중량 및 용적 가운데 운송인이 자기에게 유리한 쪽을 선택한다는 표시이다. 이때 중량과 용적의 분기점은 1cbm(cubic meter

= 1m³)당 1mt(metric ton = 1,000kg)가 된다. 즉, 화물 1cbm의 무게가 1,000kg 이상이 되면 중량화물이 되어 무게를 기준으로 운임을 부과하고, 무게가 그 이하이면 용적화물이 되어 부피를 기준으로 운임을 부과한다.

해상운임의 종류

해상운임은 지급시기·운임완성도·부과방법에 따라 여러 가지로 분류할 수 있다.

| 지급시기에 따른 분류 | 해상운임은 지급시기에 따라 선불운임과 후불운임으로 나눌 수 있다. 선불운임freight prepaid은 CIF 조건이나 CFR 조건에서 수출업자가 선적지에서 미리 내는 운임이다. 후불운임freight to collect는 FOB 조건에서 수입업자가 화물의 도착지에서 지급하는 운임이다.

운송회사는 선불운임을 더 좋아하며, 후불운임으로 선적하고자 할 때 사전에 운송회사와 수입업자 간에 운임지급계약이 체결되어 있는지 확인해야 한다. 아프리카처럼 운임이 많이 청구되는 지역은 운송회사가 후불운임을 수용하지 않기도 한다.

| 운임완성도에 따른 분류 | 해상운임은 운임완성도에 따라 전액운임, 비율운임, 공적운임, 반송운임으로 나눌 수 있다.

전액운임full freight은 운송의 완료 여부에 관계없이 지급한다.

비율운임pro rate freight은 화물이 운송된 거리에 따라 지급한다.

공적운임dead freight은 실제로 선적된 화물량이 계약물량보다 적은 경우 부족분에 대해 위약금의 성격으로 지불하는 운임이다.

반송운임back freight은 수하인의 화물인수거부 혹은 화물의 포장이나 표시 등으로 인해 화물이 반송된 경우 송하인이 부담하는 운임이다.

| 부과방법에 따른 분류 | 해상운임은 부과방법에 따라 종가운임, 할증운임, 최저운임, 경쟁운임, 전구간운임, 박스운임 등으로 나눌 수 있다.

- 종가운임ad valorem freight — 귀금속 등 고가품 운송 시 상업송장에 나타난 화물가격을 기준으로 일정한 비율을 징수하는 운임이다.
- 할증운임additional freight or surcharge — 일정한 한도 이상의 중량물이나 긴 화물에 대해 기본운임에 일정한 비율을 할증하여 부과하는 운임이다.
- 최저운임minimum freight — 화물의 용적이나 중량이 일정 기준 이하일 경우에 최저기준으로 부과하는 운임이다.
- 특별운임special freight — 정상요율에서 인하한 운임이다.
- 경쟁운임open freight — 동맹한 선박회사의 회원사가 임의로 결정하는 운임이다.
- 전구간운임through freight — 환적 시부터 최종 목적지까지의 전 구간에 대한 운임이다.
- 일괄운임general rate increase — 해운동맹이 화주협의회와 협의를

거친 후 일괄적으로 정하는 운임이다.

- 박스운임box rate — 화물의 종류나 용적에 관계없이 컨테이너당 정한 운임이다.

해상운임의 범위와 조건

화주는 선박회사에 지불하는 운임이 운송서비스의 어디서부터 어디까지 해당되는지 범위와 조건을 명확히 해야 한다. 해상운임은 범위와 조건은 다양하게 적용되므로, 운송계약 시 정확히 파악하여 선하증권 상에 조건이 표시되도록 해야 한다.

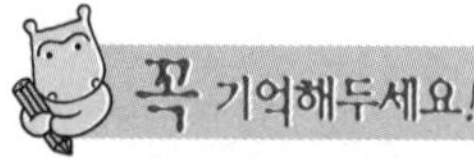

무역운송의 항로에는 정기선과 부정기선이 있다. 정기선은 고정된 항로와 운임률, 운항계획에 따라 정기적으로 운항하는 선박이다. 부정기선은 고정된 항로 없이 하주가 필요한 시기에 맞춰 화물을 운송하는 선박이다.

무역운송에서 이용하는 선박은, 원유 및 정제유를 수송하는 탱커, 곡물·석탄·광석 등을 수송하는 벌크선, 컨테이너를 운반하는 컨테이너선, 자동차만 전문적으로 운송하는 PCC, 화물이 굴러서 적재되고 굴러서 하역되는 Ro-Ro선 등이 있다.

항공운송이 점차 확대되고 있다

항공산업의 발달과 더불어 화물전세기가 등장함에 따라 전 세계를 일일생활권으로 하는 신속한 운송이 가능해져서 항공운송의 비중이 점차 확대되고 있다. 경제의 질적인 발전과 함께 반도체·전자제품·시계 등 고부가가치의 소형경량 화물은 비싼 운임을 지급해도 채산성이 있다. 이에 따라 항공운송은 오늘날 국제무역의 중요한 수송수단으로서 확고한 위치를 차지하고 있다.

■■■ 항공운송이 가진 특성

항공운송이 다른 운송수단에 비해 신속하다는 점은 두말할 필요가 없다. 따라서 항공운송의 경우에는 정시서비스가 대단히 중요하다. 실제로 미주까지 선박이 15일 정도 소요되는 데 반해 항공운송은 2일이면 충분하다. 이러한 항공운송의 특성은 야행성, 편도성, 비계절성, 신속성 등으로 요약할 수 있다.

야행성은 당일의 화물을 저녁때까지 집하 · 기적한 후 다음날 아침까지 수하인에게 배달하는 시스템이 가장 이상적이다. 편도성은 여객의 경우 언젠가는 출발지로 돌아오지만, 화물은 일단 목적지까지 수송되면 그곳에서 소비되어 돌아오지 않음을 의미한다. 다만 반제품이나 수리를 위한 화물 등은 예외이다. 비계절성은 항공화물이 여객에 비해 계절적인 변동이 덜하다는 점을 의미하고 있다. 물론 생선이나 식료품, 꽃, 패션제품, 연말연시나 성탄절 등의 시즌 상품은 예외이다.

▪▪■ 항공운송의 편리한 점

무역업체들이 항공운송을 활용하는 이유는 다음과 같은 장점이 있기 때문이다.

첫째, 수송기간이 짧다. 항공운송은 수송에 투자하는 시간을 단축시킨다. 이에 따라 납기가 촉박한 물품, 계절상품이나 투기상품, 긴급하게 운반하지 않으면 막대한 손실을 가져오는 물품 등의 수송에 적합하다.

쉽게 알자! 무역실무

둘째, 재고비용이 절감된다. 항공운송은 물품이 재고로 묶여 있는 동안에 발생할 수 있는 손실·분실·훼손의 위험을 감소시킨다. 이에 따라 생선이나 식료품, 생화, 살아 있는 동물 등 물품의 성질상 단기간의 운송을 필요로 하는 것과 신문·잡지, 원고, 상업서류 등 판매시기를 놓치면 상품가치가 없어지는 것의 운송에 적합하다.

셋째, 수송조건이 좋다. 항공운송은 운반상태가 양호하고 안전하여 파손·분실·훼손의 위험이 감소된다. 이에 따라 부가가치가 높아 중량에 비해 운임부담력이 있는 물품과 파손이나 도난의 위험이 높은 모피·미술품·귀금속·약품·통신기기·광학기기 등의 운송에 적합하다.

■ ■ ■ 항공운송사업자

항공운송사업자는 업종에 따라 일반대리점·혼재업자·상업
서류운송대리점으로 나눌 수 있다. 일반적으로 항공운송에서는
화주인 무역업체가 항공회사와 직접 거래하지 않고 항공화물운송
대리점이나 혼재업자와 화물운송계약을 체결하는 것이 관행화되
어 있다.

일반대리점

항공사 또는 총 대리점을 대리하여 항공기에 의한 화물운송계
약의 체결을 대리하는 업체를 '일반대리점(air cargo agent, 항공화
물운송대리점)'이라 한다. 항공사를 대리하여 항공사의 운송약
관·규칙·화물요율·운행시간표에 의거하여 항공화물운송을 유
치하고, 항공화물운송장을 발행하며, 이에 부수되는 제 업무를 수
행하고 그 대가로 항공운임의 5%를 항공사로부터 받는다.

혼재업자

여러 송하인의 필요에 따라 화물을 수집하여 자신의 명의로 항
공사의 항공기를 이용하여 화물을 운송하는 업자를 '혼재업자
consolidator, air freight forwarder'라 한다. 자체 운송약관과 화물
요율을 가지고 혼재업자용 화물운송장house air waybill을 이용하
여 운송계약을 맺는다. 항공기를 가지고 있지 않으므로 수집한 화

쉽게 알자! 무역실무

내 용	일반대리점	혼재업자
항공요율	항공사 화물요율 적용	자체 화물요율 적용
운송약관	항공사 운송약관 적용	자체 운송약관 적용
송하인	송하인(수출업자)	혼재업자
수하인	지정 수하인(수입업자)	혼재업자가 지정한 혼재화물인수대리점
항공화물운송장	하나의 항공화물운송장 사용 (항공사의 화물운송장)	항공사용 화물운송장과 혼재업자용 화물운송장 사용
수익	항공료 5% , 기타 수수료	항공료의 5% 이외의 마진

물을 운송하기 위해 항공사가 발행하는 화물운송장master air waybill에 자신을 송하인으로 하여 항공사의 운송약관에 따라 운송계약을 맺어야 한다. 항공사의 운임과 혼재업자 자체 운임의 차액을 이윤으로 갖는다.

상업서류운송대리점

소규모 상품이나 견본, 상업서류 등을 해외의 지정된 지점까지 신속하게 배달하는 사업으로, 자체 화물요율과 운송약관에 따라 Door To Door 서비스로 신속하게 운송하는 사업자를 '상업서류운송대리점courier' 이라 한다. 대표적인 사업자로는 DHL, 패더럴익스프레스 등이 있으며, 이외에도 각국 우체국에서 운영하는 EMS(특급우편)와 항공소포서비스도 있다.

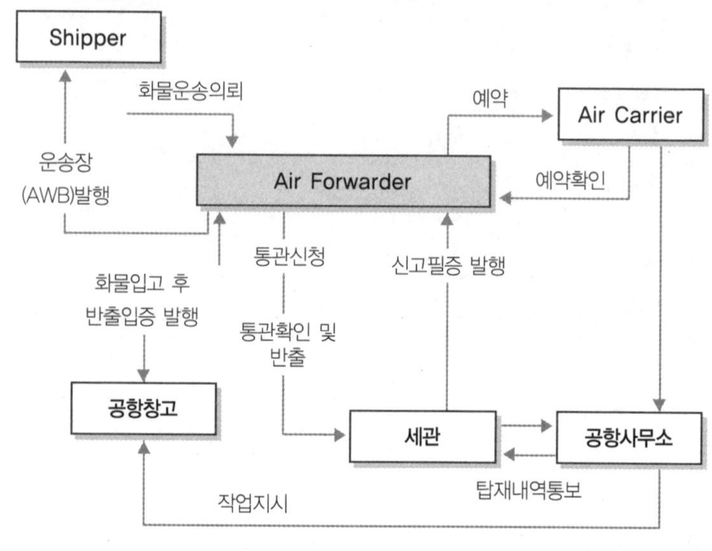

■■■ 항공운송절차

항공운송은 해상운송에 비해 절차가 비교적 간단하다. Air Forwarder가 국내운송·포장·통관 등을 일괄적으로 처리하고, 비용을 한꺼번에 청구한다. 항공운송 예약 시 일괄서비스를 하는지 확인하는 게 좋다.

■■■ 항공운송의 운임과 요율

항공화물은 소량화물이 많으므로 대부분 kg을 기준으로 요금을 산정한다. 즉, 일정한 기준 무게 이상일 경우 초과되는 무게에 대해 kg당으로 운임을 부과한다.

항공운임에는 다음과 같은 종류의 요율이 적용된다.

GCR

'General Commodity Rate' 의 줄임말이며, 일반화물요율로서 모든 항공화물의 운임산정 시 기본이 된다. SCR 요율 및 품목분류요율의 적용을 받지 않는 모든 화물운송에 적용된다.

SCR

'Special Commodity Rate' 의 줄임말이며, 화물운송의 유형상 특정 구간에서 같은 품목의 반복적 운송에 대해 GCR보다 낮게 설정된 요율이다.

Class Rate

'Commodity Classification Rates' 의 줄임말이며, 품목분류요율로서 여섯 가지 특정 품목에만 적용되는데 특정 지역 간 또는 특정 지역 내에서만 적용되는 경우도 있다. GCR의 백분율에 의한 할증 또는 할인으로 표시된다. 화물로 수송되는 수하물과 신

문·잡지 등은 할인요율, 살아 있는 동물이나 시체, 자동차는 할
증요율이 적용된다.

Valuation Charge

종가운임으로, 항공화물운송장이나 항공사에 신고된 화물의 가
격에 근거하여 부과하는 운임이다.

BUC

'Bulk Unitization Charge' 의 줄임말이며, 우리나라의 북미행
항공화물에 적용되는 요금체계이다. 8종류의 단위탑재용기(unit
load device ; ULD)별로 한계중량을 설정한 후 이에 따라 책정된
요금이다. 중량을 기준으로 정해 높은 요금을 적용한다.

꼭 기억해두세요!

항공운송의 장점은 수송기간이 짧고, 재고비용이 절감된다는 것이다.
항공운송사업자는 업종에 따라 일반대리점, 혼재업자, 상업서류운송대리점으로
나눌 수 있다.
항공화물은 kg을 기준으로 요금을 산정하며, 일정한 기준 무게 이상일 경우 초
과되는 무게에 대해 kg당으로 운임을 부과한다.

쉽게 알자! 무역실무

칠레 출장을 다녀와서

칠레의 산티아고Santiago 공항에 도착하니 택시기사인 듯한 60대 남자가 내 이름이 적힌 팻말을 들고 기다리고 있었다. 그 사람의 안내를 받아 호텔에 짐을 풀고 고객회사로 가서 상담을 마친 후, 타고 온 택시를 타고 호텔로 돌아왔다. 공항에 마중 나온 요금을 포함하여 하루 동안 택시비로 30U\$ 가량을 지불했다.

다음날에는 현지 한국무역관에서 상담을 주선한 3개 회사를 방문했다. 다음날에도 택시를 탔다. 첫번째 목적지를 말한 후 택시기사에게 가격을 물으니 한 시간에 19U\$라고 했다. 다시 하루 종일 다니면 얼마냐고 물었더니, 오전 10부터 마지막 일정인 오후 5시 30분까지 총 9시간이므로 20U\$ × 9시간 = 180U\$인데, 50% 할인해서 90U\$를 달라고 했다. 옛말에 에누리 없는 장사는 없다고 했다. 나는 60U\$에서 흥정을 시작해서 70U\$에 합의했다. 어제 '공항 → 호텔 → 고객회사 → 호텔'에 30U\$를 지불했으니, 세 군데 방문하는 데 70U\$이면 저렴한 비용이었다.

한편 산티아고에 머무는 2박 3일 동안의 호텔비 451U\$ 중 객실비 180U\$와 탄산수 2병 4U\$를 제외한 나머지 267U\$가 모두 통신비였다. 통신 내역은 무역관에 전화 두 번, 고객회사에 전화 한 번, 택시기사에게 전화 한 번을 제외하고는 모두 인터넷 통신비였다. 공짜라고 생각한 통신비가 호텔비 계산에 포함된 것이다. 인터넷을 거의 공짜로 쓸 수 있는 한국의 상황을 은연중에 당연하게 여긴 것이다. 모든 것에는 정당한 비용을 치러야 한다.

무역보험은 든든한 방패이다

무역보험의 기본을 파악하라
해상위험은 종류별로 손실 정도가 다르다
해상손해는 해상위험에 의해 발생한다
해상보험계약을 체결하라
수출보험에 가입해 결제손실을 줄여라

계약에 따라 최고의 물품을 생산하여 별 탈 없이 선적하면 거래가 성공한 듯하다. 그러나 세상이 그렇게 호락호락하지만은 않다. 물품을 선적한 선박이 고장나거나, 도중에 암초를 만나 침몰하거나, 부두에 사정이 생기는 등으로 인해 목적지에 제때 도착하지 못할 수 있다. 이와 같이 예측하지 못하는 불가항력적인 상황에서 발생한 손실은 대개 운송인이 책임지지 않는다. 그렇다면 눈물을 흘리며 운명으로 받아들여야 하는가? 아니다. 수출물품의 대금결제위험을 대비하기 위한 수출보험이 있고, 운송 도중의 사고위험에 대비하기 위한 적하보험이 있다. 무역은 만약의 사태를 대비해야 오랫동안 지속할 수 있다. 이번 마당에서는 무역업자의 주된 관심사인 적하보험과, 수출업자의 위험을 담보하는 수출보험에 대해 알아보자.

무역보험의 기본을 파악하라

　　무역과 관련된 보험의 종류는 많다. 그중 무역업자가 자주 활용하는 보험은 운송 도중에 발생하는 사고에 대비하는 해상보험과 수출업자의 거래에 따르는 위험에 대비하는 수출보험이다. 해상보험에는 다시 침몰·화재 등으로 인한 선박이나 항공기의 손실을 담보하는 선박보험과, 운송 도중에 발생하는 화물의 멸실이나 손실을 담보하는 적하보험이 있다. 무역업자의 입장에서는 적하보험이 주된 관심사이므로, 이하에서는 적하보험을 중심으로 논의하기로 한다.

늘 그렇지만 전문용어를 익히는 것은 참 따분한 일이다. 하지만 중요한 용어를 익혀두면 열 마디 말할 것을 한두 마디로 줄여 간단명료하게 의사소통을 할 수 있다.

해상보험당사자

| 보험자 |　보험계약에 따라 보험료를 받는 대가로 위험을 부담하고, 사고가 발생하면 보험금을 지급하는 자를 '보험자insurer, assurer, underwriter' 라 한다. 우리나라에서는 간단하게 보험회사를 가리키지만, 외국에서는 로이즈와 같은 개인보험업자도 있다.

| 피보험자 |　운송 도중에 사고가 발생할 때 실제로 보험금을 청구하고 보상받는 자를 '피보험자insured' 라 한다. 보험계약자와 피보험자는 대개 동일인이지만, CIF 조건에서는 원칙적으로 수출업자가 보험계약자가 되고 수입업자가 피보험자가 된다. 그러나 실제로는 수출업자가 자신을 피보험자로 하여 보험계약을 하고, 보험자로부터 보험증권을 입수하여 배서한 후 수입업자에게 양도한다. 이 경우 실제로 사고가 발생하면 수입업자가 보험금을 수령한다.

| 보험계약자 |　보험회사와 보험계약을 체결하고 보험료를 지

불하는 자를 '보험계약자insurance policy holder' 라 한다. CIF 조건에서는 수출업자가 보험계약자가 되고, FOB 조건과 CFR 조건에서는 수입업자가 보험계약자가 된다.

피보험이익

보험목적물에 보험사고가 발생하여 피보험자가 금전적 손해를 입을 경우, 목적물과 피보험자와의 이해관계를 '피보험이익insurable interest' 이라 한다. 보험계약의 목적이 되고, 해상적하보험에서는 별도로 명기하지 않는 한 화물에 대한 화주의 소유이익을 가리킨다. 해상적하보험에서 화주는 대표적인 피보험이익의 당사자로서 수출업자가 될 수도 있고, 수입업자가 될 수도 있다.

보험가액과 보험금액

| 보험가액 | 피보험이익에 대한 주관적 이해관계를 객관적으로 평가한 금액을 '보험가액insurable value' 이라 한다. 구체적으로는 화물 · 선박 · 운임 등 보험목적물의 경제적 가치, 즉 보험사고가 발생한 경우에 피보험자가 입게 되는 손해액의 최고한도액을 뜻한다. 보험가액을 객관적으로 결정할 수 없는 경우에는 계약당사자의 합의에 의해 보험가액을 협정할 수 있다. 이와 같이 당사자 간에 협정한 보험가액을 '협정보험가액agreed insurable value' 이라 한다.

| 보험금액 |　보험계약을 체결할 때 피보험자가 실제로 보험에 가입한 금액을 '보험금액insured amount' 이라 한다. 보험자의 입장에서는 손해보상의 최고책임한도액이 보험금액이 된다. 보험금액은 부보된 피보험이익의 한도를 금액으로 표시하며, 보험가액의 범위 내에서 결정된다. UCP에서는 신용장에 별다른 명시가 없는 한 최저부보금액을 CIF 가격이나 CIP 가격에 희망이익 10%를 더한 110%로 규정하고 있다.

보험료

보험자의 위험 부담에 대한 대가로서 보험계약자가 지급하는 보수를 '보험료insurance premium' 라 한다. 보험자의 최고책임한도인 보험금액에 보험요율을 곱하여 계산한다. 보험료를 산출하

는 근거가 되는 보험요율premium rate은 선박의 상태, 항로, 화물의 종류, 보험조건 등에 따라 달리 책정된다. 우리나라에서는 대한손해보험협회에서 책정한 다양한 보험요율을 수록한 해상보험요율서를 모든 보험회사에서 공동으로 사용하고 있다.

보험가액과 보험금액과의 관계는 보험계약에 있어서는 보험가액과 실제 보험가입금액의 차이에 따라 명칭이 달라진다. 즉, 보험가액과 보험가입금액이 동일한 경우를 전부보험full insurance이라 하고, 전자보다 후자가 적은 경우를 일부보험under insurance이라 한다. 원칙적으로 보험가입금액이 보험가액을 상회하는 초과보험over insurance은 인정되지 않는다.

보험금

담보위험으로 보험목적물에 경제적 손해가 발생한 경우 보험자가 피보험자에게 보상금으로 지급하는 금액을 '보험금claim' 이라 한다. 전부보험인 경우에는 보험사고가 발생하면 손해액 전액을 보험금으로 지급하지만, 일부보험의 경우에는 법령이나 보험약관에 따라 보상방법이 다르다.

보험기간

보험자가 위험을 담보하는 기간을 '보험기간' 이라 한다. 보험기간이 지날 때를 대비하여 내륙보관확장담보조건(inland storage extension ; ISE) 등에 따로 가입하는 것이 좋다.

보험기간은 무역조건에 따라 다르다. CIF 조건에서는 수출지의 보관장소에서부터 일반적인 수송과정을 거쳐 목적지의 보관장소에 도착할 때까지 소요되는 기간으로, 선박의 경우 60일이고 비행기의 경우 30일이다. FOB 조건과 CFR 조건은 주 선박에 화물을 선적할 때부터 목적지의 최종적인 보관장소에 도착할 때까지 소요되는 기간으로, 선박의 경우 60일이고 비행기의 경우 30일이다.

■■■ 해상보험의 원리

피보험자의 고지의무

피보험자는 보험계약을 체결하기 전에 자신이 알고 있는 모든 주요한 상황을 보험자에게 알려야 할 의무가 있다. 여기서 중요한 상황은 보험자의 보험계약 체결 여부와 보험요율 산정에 영향을 미칠 수 있는 위험이다. 고지의 책임은 일차적으로 위험에 관해 가장 잘 아는 보험계약자에게 있다.

담보

피보험자가 반드시 지켜야 할 약속을 '담보warranty' 라 한다. 이는 특정한 일이 행해지거나 행해지지 않을 것이라는 약속사항, 어떠한 조건이 충족될 것이라는 약속사항, 특정한 사실의 존재를 긍정하거나 부정하는 약속사항 등을 말한다. 담보에는 보험증권에 명확히 나타나는 명시담보와, 해상보험증권에는 명시되지 않으나 피보험자가 당연히 지켜야 할 약속사항인 묵시담보가 있다.

근인주의

보험자는 보험증권상 담보되는 위험으로 인해 발생한 손해에 한해 보상책임이 있다. 그러나 담보되는 위험과 담보되지 않는 위험이 연속적으로 혹은 동시에 발생하여 손해를 야기하는 경우에는, 정확하게 손해의 원인을 규명하지 않으면 손해보상이 불가능하다. 따라서 여러 가지 원인이 손해에 대해 갖는 인과관계를 분석할 필요가 있는데, 여러 가지 요인 중 손해를 야기한 진정한 원인을 가려내는 데 적용되는 원리를 '근인주의'라고 한다. 여기서 '근인proximate cause' 이란 반드시 시간적으로 가장 가까운 원인을 뜻하는 것이 아니라, 사고를 야기한 가장 지배적이고 직접적인 원인을 의미한다.

꼭 기억해두세요!

보험가액은 피보험이익에 대한 주관적 이해관계를 객관적으로 평가한 금액이고, 보험금액은 보험계약의 체결 시 피보험자가 실제로 보험에 가입한 금액이다. 보험료는 보험자의 위험 부담에 대한 대가로 보험계약자가 지급하는 보수이고, 보험금은 보험목적물에 경제적 손해가 발생한 경우 보험자가 피보험자에게 보상금으로 지급하는 금액이다.

해상위험은 종류별로 손실 정도가 다르다

사람의 목숨을 대상으로 하는 생명보험과는 달리 해상보험은 화물의 손실 정도에 따라 보상한다. 해상위험은 종류에 따라 손실 정도가 다르므로 해상위험에 대해 정확하게 알아야 한다.

해상보험의 대상이 되는 위험은 해상위험이다. 해상위험marit-ime perils은 항해사업에 기인하거나 부수하는 위험이다. 여기서 '기인하는 위험'이란 항해에서 직접적으로 발생하는 해상 고유의 위험을 의미하고, '부수하는 위험'이란 해상에서 발생하는 위험인 화재·투하 등의 인위적 해상위험과 전쟁위험, 그리고 기타 모든 위험을 말한다.

■■■ 해상 고유의 위험

해상운송 도중에 바다의 자연적 위험을 원인이나 조건으로 하여 우발적으로 발생하는 사고나 재난, 즉 해난을 '해상 고유의 위험'이라 한다. 해상 고유의 위험은 다음과 같은 것이 있다.

- 침몰sinking ─ 선박이 물밑으로 가라앉은 상태
- 좌초stranding ─ 선박이 바다 밑의 바위나 암초 등에 걸려 전혀 움직일 수 없는 상태
- 얹힘grounding ─ 선박이 진흙이나 모래밭에 걸린 상태
- 촉초touch and go ─ 선박이 암초나 바다 밑의 방해물과 접촉하여 배 밑을 긁힌 상태로 항진하는 정도의 접촉
- 파선wreck ─ 폭풍우, 좌초, 과적, 선원의 운항실수 등으로 인해 선체가 크게 부서진 상태
- 충돌collision, running down ─ 선박이 다른 선박이나 얼음 등과 부딪힌 상태
- 악천후heavy weather ─ 폭풍우 등의 기상이변으로 인해 선박이 기울어진 상태
- 해수유손seawater damage ─ 갑판 위에 실은 화물이 유실되거나 선창에 통풍이 안 되어 생긴 습기로 인해 화물이 상한 상태
- 행방불명missing ─ 원인을 모르는 이유로 인해 선박과 실은 화물이 함께 없어지는 것

■■■ 인위적 해상위험

해상운송 도중에 자연적 위험이 아니라 사람이 원인이 되어 발생한 위험을 '인위적 해상위험'이라 한다. 인위적 해상위험에는 다음과 같은 것들이 있다.

- 화재 — 선박이나 화물이 불에 타는 것
- 투하jettison — 뜻밖의 기상이변으로 인한 선박의 침몰을 방지하기 위해 일부러 적재한 화물의 일부를 바다에 떨어뜨리는 행위
- 선장 및 선원의 악행 — 선박을 팔거나, 불을 지르거나, 일부러 침몰·죄초시키는 등 선주나 선장에게 손해를 끼칠 고의적 범죄나 부정행위
- 강도thieves — 폭력이나 위협으로 강탈함
- 해적pirates — 해상재산을 자신의 이익을 위해 무차별하게 습격·약탈·파괴·방화하는 사람
- 표도rovers — 해적의 일종으로 어원적으로 무어인·아리비아인 해적

■■■ 전쟁위험

해상운송 도중에 국가 단위의 군사적 강제행위로 인해 발생한 위험을 '전쟁위험war perils'이라 한다. 전쟁위험에는 다음과 같은 것들이 있다.

- 군함 — 군함에 의한 모든 종류의 가해 행위
- 외적enemies — 적함을 제외한 모든 적선, 적의 병기, 적국의 시설, 적국인의 행위에 의한 사고
- 습격surprisals — 전시에 선박이나 선적화물의 소유자로부터 모든 소유권을 뺏을 목적으로 하는 적의 탈취행위
- 해상탈취 — 전시에 중립국의 선박이 적국화물을 싣고 있다고 의심되는 경우 항해를 정지시키는 행위
- 군주의 억지 — 출항금지embargo · 양륙금지 · 봉쇄blockade · 공용징수 등 관헌의 정치적이고 행정적 행위

▪▪▪ 위험 부담에 관한 원칙

포괄책임주의

해상보험계약에서 보험자가 일체의 해상위험이나 항해에 관한 위험을 부담하는 것을 '포괄책임주의' 혹은 '위험포괄부담의 원칙' 이라 한다. 보험사고로 인해 손해가 발생할 경우 피보험자는 손해의 원인이 무엇인지 증명할 의무가 없으며, 단지 위험이 개시될 당시 화물이 정상상태였음을 증명하기만 하면 된다. 이에 반해 보험자는 발생한 손해의 원인이 무엇인지 증명해야 한다.

열거책임주의

해상보험계약에서 보험자가 부담하는 위험을 구체적으로 열거하고, 열거되지 않은 위험은 보험자의 면책으로 하는 것을 '열거

책임주의' 혹은 '제한책임주의'라 한다. 보험사고로 인해 손해가 발생할 경우 피보험자는 피보험이익에 손해가 발생했다는 사실과 손해가 열거위험에 의해 생겼다는 사실을 입증해야 한다. 이에 반해 보험자는 책임을 면하기 위해 손해가 면책위험에 의해 생겼다는 점을 입증해야 한다.

포괄책임주의와 열거책임주의의 비교

포괄책임주의하에서는 법정 및 약정 면책위험을 제외한 일체의 해상위험을 담보하고 있다. 따라서 피보험자는 예상외의 위험이 발생하더라도 그것이 면책사유에 해당되지 않는 한 보호받을 수 있고, 보험금 청구 시에도 단순히 해상위험으로부터 손해가 발생했음을 입증하면 된다.

열거책임주의하에서는 보험자의 위험 부담 책임범위가 좁고, 개개위험의 의의가 대체로 확정되어 있다. 따라서 피보험자는 예상외의 위험이 발생하면 보호받을 수가 없으며, 손해 발생 시 보험금을 청구하기 위해서는 그것이 담보위험에 의한 결과임을 입증해야 한다.

이런 측면에서 보면 열거책임주의는 피보험자에게 불리하고 보험자에게 유리하며, 포괄책임주의는 그 반대인 것처럼 보인다. 그러나 실제의 해상보험거래에서 양자 간에 중요한 차이점은 없다.

꼭 기억해두세요!

해상위험은 항해사업에 기인하거나 부수하는 위험으로 해상 고유의 위험, 인위적 해상위험, 전쟁위험이 있다.
해상위험 부담은 포괄책임주의와 열거책임주의에 따른다. 포괄책임주의는 보험자가 일체의 해상위험과 항해위험을 부담하는 데 반해, 열거책임주의는 보험자가 부담하는 위험을 구체적으로 열거하고 열거하지 않은 위험은 면책된다.

해상손해는 해상위험에 의해 발생한다

피보험자가 해상위험으로 인해 보험목적물인 선박과 선적된 화물, 운임에 입는 재산상의 불이익을 '해상손해' 라 한다. 해상손해는 손해의 정도·성격, 손해부담자의 범위에 따라 다양하게 구분된다. 우선 해상손해는 보험목적물 자체의 손해인 직접손해와 그 밖의 간접손해로 구분된다. 직접손해는 '물적 손해' 라고도 하며, 손해 정도에 따라 전손과 분손으로 구분된다. 간접손해에는 비용손해와 책임손해가 있다.

■■■ 물적 손해

담보위험으로 인해 보험목적물 자체가 멸실되거나 훼손되어 피보험자가 입는 손해를 '물적 손해physical loss' 라고 한다. 물적 손해는 전손과 분손으로 구분된다.

전손

피보험목적물인 화물이나 선박이 전부 멸실되었거나 심하게 손상되어 수리가 불가능한 경우 '전손total loss' 이라 한다. 전손이 실제로 발생된 경우 '현실전손actual total loss' 이라 하고, 전손이 실제로 발생하지는 않았지만 전손으로 추정되는 경우 '추정전손constructive total loss' 이라 한다.

분손

피보험이익의 일부만이 손상을 입은 경우 '분손partial loss' 이라 하며, 전손이 아닌 경우는 모두 분손으로 간주한다. 분손은 손해부담자의 범위에 따라 단독해손particular average과 공동해손general average으로 나누어진다. 단독해손은 특정한 피보험자의 피보험이익이 단독으로 겪는 손해이다. 이에 반해 공동해손은 여러 피보험이익이 공동의 목적 때문에 희생되었을 때 이해관계자가 공동으로 분담하는 손해이다.

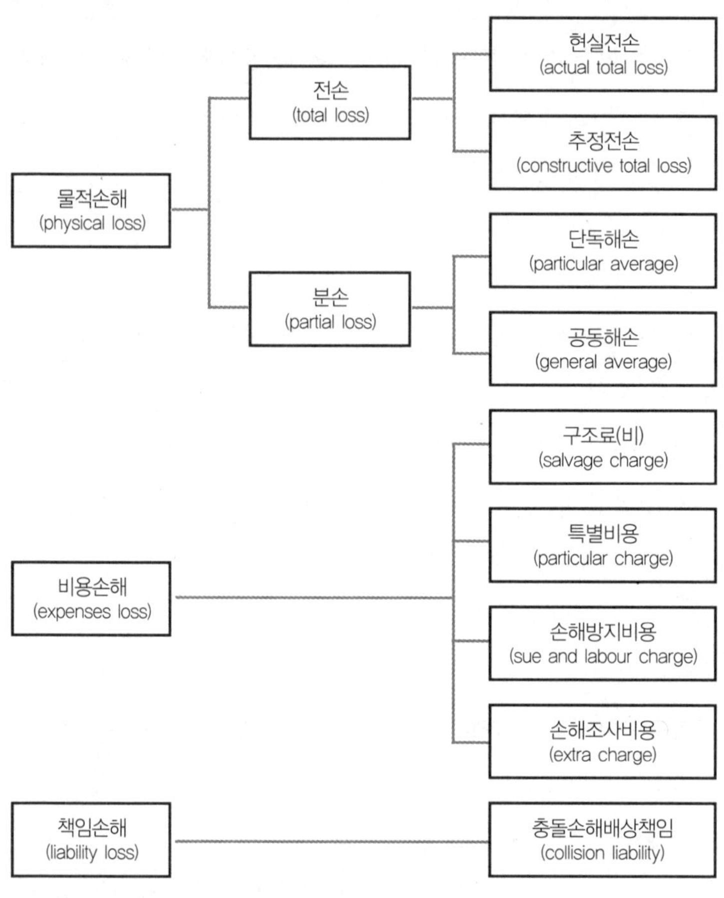
물적손해
(physical loss)
전손
(total loss)
현실전손
(actual total loss)
추정전손
(constructive total loss)
분손
(partial loss)
단독해손
(particular average)
공동해손
(general average)
비용손해
(expenses loss)
구조료(비)
(salvage charge)
특별비용
(particular charge)
손해방지비용
(sue and labour charge)
손해조사비용
(extra charge)
책임손해
(liability loss)
충돌손해배상책임
(collision liability)

▪ 간접손해

비용손해

담보위험으로 인해 피보험자나 제3자가 지출하는 경비를 '비용손해expenses loss'라 한다. 구조료, 계약구조료, 특별비용, 손해방지비용, 손해조사비용 등이 여기에 포함된다.

책임손해

담보위험으로 인해 타인에 대한 손해배상책임을 지는 경우의 손해를 '책임손해liability loss'라 한다. 선박충돌 손해배상책임 등 책임부담에 따른 손해가 여기에 해당한다.

아하, 그렇군요!

책임손해 시 적용되는 충돌손해배상약관은 피보험선박이 그의 과실이나 쌍방과실에 의해 충돌함으로써 입게 되는 피해를, 보험자가 자신의 비용으로 피보험자에게 보상하게 된다.

꼭 기억해두세요!

피보험자가 해상위험으로 인해 보험목적물인 선박과 선적된 화물, 운임에 입는 재산상의 불이익을 해상손해라 한다.

해상손해는 손해의 정도 · 성격, 손해부담자의 범위에 따라 물적 손해와 간접손해로 구분된다.

해상보험계약을 체결하라

해상보험계약은 피보험자가 보험계약서에 필요한 사항을 기재한 후 소정의 보험료와 함께 보험자에게 제출하여, 보험자가 보험계약에 대한 증거로 보험증권을 발급하면 계약이 체결된다.

■ ■ ■ 해상보험계약

해상보험계약은 크게 개별계약provisional contract과 포괄계약open contract으로 나누어진다. 개별계약은 화물을 선적할 때마다 보험계약을 체결하며, 보험계약의 체결 시 보험료 산출에 필요한 모든 내용을 알면 '확정보험'으로 처리한다. 그러나 대개 보험계약의 체결 시 모든 내용을 알 수 없으므로, 사후에 내용이 확정되는 대로 지체 없이 보험자에게 통고하는 조건으로 계약을 체결하는 '예정보험' 의 형식을 취한다.

포괄계약은 특정한 화물에 대해 포괄적으로 보험계약을 체결하는 것을 말한다. 즉, 같은 화물을 정기적으로 선적할 경우에는 선적할 때마다 보험계약을 체결하지 않고 특정한 화물에 대해 포괄적으로 보험계약을 체결한다.

■ ■ ■ ■ 해상보험증권

보험자와 보험계약자 사이에 보험계약이 체결되었음을 증명하는 증거서류를 '해상보험증권' 이라 한다. 해상보험증권은 1779

년 로이즈보험업자협회에서 그때까지 사용되어오던 여러 가지 양식의 보험증권을 동일한 Ship and Goods Form의 보험증권으로 통일시켰다. 이 통일안은 영국 해상보험법부록에 표준해상보험증권으로 채택됨으로써 공식적으로 사용되기 시작했고, 오늘날까지도 해상보험의 골격을 이루고 있다.

그러나 기존의 해상보험증권은 약관의 문장이나 단어가 고어체이고 낙후된 부분이 많아 이용자들에게 불편을 주었다. 이에 따라 런던의 보험업자와 로이즈 보험업자 및 해손정산인 등으로 구성된 I.L.U.(Institute of London Underwriters)의 기술약관위원회에서는 간단명료하고 세계 각국에서 공통으로 사용할 수 있는 새로운 양식의 해상보험증권을 마련하여, 1983년부터 세계 각국에서 사용하고 있다.

신양식의 보험증권은 기존의 증권에 있던 본문약관 중에서 담보위험 등 주요 내용을 개정된 협회약관에 포함시키고, 피보험자의 성명, 선적항과 도착항, 선박명, 보험목적물, 보험금액 등 계약 체결에 필수적인 기재사항과 몇 개의 일반적인 약관만을 담고 있다.

■■■ 협회적하약관

무역거래에서는 보험계약 체결의 기본이 되는 여러 가지 협회약관 중에서도 협회적하약관(institute cargo clauses ; ICC)이 가장 중요하다. 1982년도에 개정된 협회적하약관은 Institute Cargo Clauses(A); A Clauses, Institute Cargo Clauses(B); B Clauses, Institute Cargo Clauses(C); C Clauses의 세 가지 기본약관과 협회전쟁약관institute war clauses 및 협회동맹파업약관institute strike clauses 등의 부대조건으로 구분된다.

협회적하약관의 세 가지 기본약관은 과거의 전위험담보조건(all risks ; A/R), 분손담보조건(with average ; WA), 분손부담보조건(free from particular average ; FPA)이 그 명칭상 불합리한 점이 많았다. 이에 따라 이를 각각 A Clauses, B Clauses, C Clauses로 변경한 것이다.

한편 이들 세 가지 기본약관은 그 내용이 모두 동일한 19항으로 구성되어 있고, 제1항의 위험약관과 제4항의 일반면책약관만이 서로 다르다. ICC(A), (B), (C) Clauses의 세 가지 기본약관별로 보험자가 담보하는 위험과 면책되는 위험을 정리하면 다음 표와 같다. 그러나 면책위험 중에서도 전쟁위험과 동맹파업위험은 특약을 통해 협회전쟁약관과 협회동맹파업약관을 첨부함으로써 부보가 가능하다.

■■■ 보험금 청구

보험사고가 발생할 경우 피보험자나 보험증권의 정당한 소지인

◀▶ **보험조건별 담보위험 요약표**

위험의 종류	구 I.C.C.			신 I.C.C.		
	FPA	WA	A/R	A	B	C
화재, 폭발	O	O	O	O	O	O
좌초, 교사, 침몰, 전복	O	O	O	O	O	O
육상 운송용구의 탈선, 전복	O	O	O	O	O	O
충돌 운송용구와 물 이외의 다른 물과의 접촉	O	O	O	O	O	O
피난항에서의 화물의 하역	O	O	O	O	O	O
공동해손희생손해	O	O	O	O	O	O
투하	O	O	O	O	O	O
선적 하역작업중 포장당 전손	O	O	O	O	O	×
선박외부로부터의 해수침손 — 1) 전손	O	O	O	O	O	×
2) 분손	×	O	O	O	O	×
선박 외부에서 강물, 호수물 침입 — 1) 전손	O	O	O	O	O	×
2) 분손	×	O	O	O	O	×
갑판유실	×	O	O	O	O	×
지진, 분화, 낙뢰	×	×	O	O	O	×
도난, 발하, 불착	×	×	O	O	×	×
선원의 악행	×	×	O	O	×	×
해적행위	×	×	×	O	×	×
선주의 파산	×	×	O	×	×	×
다른 화물이나 기름과의 접촉	×	×	O	O	×	×
선박 내의 오수와 접촉	×	×	O	O	×	×
취급 부주의에 의한 손해	×	×	O	O	×	×
빗물 접촉	×	×	O	O	×	×
땀손	×	O	O	O	×	×
악천후로 인한 땀손	×	×	×	×	×	×
적도항해에 따른 온도차이로 인한 땀손	×	×	×	×	×	×
화물자체의 성질에 기인한 땀손 지연	×	×	×	×	×	×
포장물량의 잠재적 하자	×	×	×	×	×	×
물건의 고유 성질에 의한 손해, 통상적인 손실	×	×	×	×	×	×

출처 : 동양화재 홈페이지

은 이에 대한 손해의 보상을 보험자에게 청구한다. 이를 위해서 피보험자나 그 대리인은 보험증권에 명시된 피보험자의 의무약관에 따라, 손해발생 사실을 지체 없이 서면 또는 구두로 통지한 후 정식적인 구상절차를 밟아야 한다.

보험사고에 접하게 되면 보험자는 대개 피보험자와 협의하여 손해사정인을 선정하고 검정서를 작성한다. 검정서에는 손해의 원인, 정도, 손상품 및 처리추천 등을 상세하게 기재한다. 보험자는 검정서를 토대로 우선 손해가 담보위험에 근인한 것인지 확인한 후, 사실이 확인되면 보험금액에 약정된 보험금액의 범위 내에서 피보험자에게 손해액을 보상하게 된다. 이때 비용손해나 배상책임손해는 별도로 계산된다.

 **꼭** 기억해두세요!

- 해상보험계약에는 화물이 선적될 때마다 개별적으로 보험계약을 체결하는 개별계약과 특정 화물에 대해 포괄적으로 보험계약을 체결하는 포괄계약이 있다.
- 해상보험증권은 유가증권이 아니라고 보통 해석하나, 유가증권으로 보기도 한다(일부 긍정설).

수출보험에 가입해 결제손실을 줄여라

수출보험은 무역거래에 수반되는 제반 위험 가운데 해상보험 등 통상적인 보험으로는 담보될 수 없는 위험으로부터 수출업자·수입업자·금융기관이 입은 손해에 대해 수출대금의 95~100%까지 보상해줌으로써 수출 진흥을 도모하기 위한 비영리 정책보험을 말한다. 여기서 말하는 위험은 수입국의 전쟁이나 내란, 환거래의 제한이나 금지 등에 의한 비상위험, 수출계약 상대자의 파산이나 대금지급의 지연·거절 등에 의한 신용위험 등이다.

비영리 정책보험
일반 보험회사가 돈을 벌기 위해 운영하는 것이 아니라 국가기관이 수출 진흥이라는 정책적인 목표를 위해 운영하는 보험을 말한다.

쉽게 알자! 무역실무

■■■■ 수출보험의 담보위험

비상위험

비상위험political risk은 수입국의 외환 부족으로 인한 환거래의 제한이나 금지, 수입국에서의 수입 금지나 제한 조치, 외국에서의 전쟁·내란·정변과 같은 비상사태 등 수출계약 당사자에게 책임 지울 수 없는 사유로 인해 발생하는 수출불능위험이나 대금회수 불능위험을 말한다.

신용위험

신용위험은 수입업자가 수출계약에 의한 대금을 지급할 능력이 없거나, 대금지급을 일정 기간 이상 지연시키거나, 물품의 인수거 절 등 당연히 이행해야 할 채무나 의무를 이행하지 않고 태만히 함으로써 발생하는 위험을 말한다.

■■■■ 수출보험의 기능

수출거래상의 불안 제거

수출보험은 수입국에서 발생하는 비상위험이나 신용위험 등으 로 인해 수출업자나 생산자가 입는 손실을 보상해 수출거래에 따 른 불안을 제거해준다.

신용 제고

수출보험은 수출대금의 미회수위험을 담보하므로 금융기관의 수출지원금융을 용이하게 해주며, 보험사고가 발생할 경우 기업의 손실을 보상하여 수출업자의 신용을 제고하고 자금유동성을 증대시켜준다.

무역관리제도

수출보험은 담보위험의 범위, 보상률, 보험료 등 보험의 인수조건을 정책적으로 적절히 조절함으로써 수출업자의 활동을 촉진하거나 제한할 수 있어, 간접적인 무역통제수단의 하나로 이용된다. 또한 수출 진흥을 위해 국가에서 비영리적으로 실시하는 보험제도이므로 수출업자는 저렴한 보험료 부담으로 유리한 손실보상을 받을 수 있다. 수출보험은 수출경쟁력의 강화를 가져올 뿐만 아니라 수출지원제도로서의 기능을 수행하고 있다.

신용조사

수출보험을 운영하기 위해서는 신용조사가 필수적이다. 수출보험공사에서는 해외수입자와 국내수출자의 신용상태와 수입국의 정치 · 경제동향 등을 조사하여, 발생 가능한 모든 위험을 조기 파악하여 보험사고를 미연에 방지함으로써 수출업자를 보호해준다.

쉽게 알자! 무역실무

■■■■ 수출보험에는 어떤 것이 있나

현행 수출보험의 종류는 다음과 같다.

수출단계별 수출보험 찾기

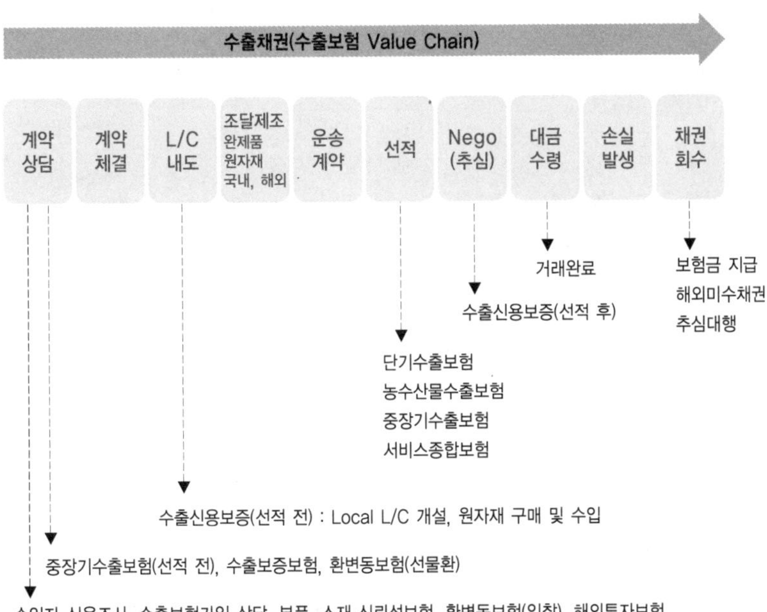

출처 : 한국무역보험공사 홈페이지(www.ksure.or.kr)

용 도	보 험
수출대금 미회수 위험을 대비하고 싶습니다.	결제기간 2년 이내 : 단기수출보험 결제기간 2년 초과 : 중장기수출보험
수출 이행 자금(원부자재 구매자금 등)이 부족합니다.	수출신용보증(선적 전)
수출대금 입금까지의 기간이 길어 먼저 NEGO하고 싶습니다.	수출신용보증(선적 후)
환율 급변으로 인한 수익성 악화를 대비하고 싶습니다.	환변동 보험
은행에서 보증서(BOND)를 발급받고자 하는데 어려움이 있습니다.	수출보증보험
부품, 소재에 대한 신뢰도를 확보하여 원활한 납품을 하고 싶습니다.	부품, 소재 신뢰성보험
해외공사 후 공사대금(장비) 미회수 위험을 대비하고 싶습니다.	해외공사보험
해외투자 후 투자원금(배당금, 이자) 미회수 위험을 대비하고 싶습니다.	해외투자보험
예정일이 지났는데 입금되지 않고 있는 수출대금을 회수하고 싶습니다.	채권추심
수입업체(바이어)에 대한 정보를 알고 싶습니다.	수입자신용조사

출처 : 한국무역보험공사 홈페이지(www.ksure.or.kr)

꼭 기억해두세요!

수출보험은 수출거래에 따른 불안을 제거해주고, 수출업자의 신용을 제고하며, 신용조사를 통해 수출업자를 보호하며, 간접적인 무역통제수단의 역할도 한다.

쉽게 알자! 무역실무

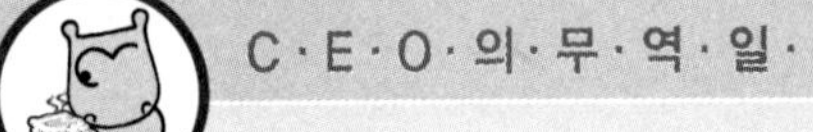

코트라 시장개척단을 자주 활용하자

　해외시장조사 시 코트라 시장개척단의 일원으로 참가하면 단체생활을 하는 부분을 제외하고는 전반적으로 편리하게 출장을 다녀올 수 있다. 시장개척단에 참가하면 여러 가지 이점이 있는데, 우선 참가 인원이 10명 이상이므로 비행기요금의 단체할인을 받을 수 있다. 또한 현지 공항에 도착하여 입국심사를 하는 과정에서 공항직원들과 실랑이가 벌어질 경우 현지 코트라 직원들이 해결해준다. 혼자 해외출장을 갈 경우 공항에 내려 호텔까지 가는 것이 쉽지 않다. 그러나 시장개척단의 일원으로 가면 코트라에서 버스를 빌려 마중을 나오기 때문에 편하게 호텔에 도착할 수 있다.

　시장개척단의 가장 큰 장점은 짧은 시간 동안 많은 고객을 만날 수 있다는 것이다. 보통 도착한 다음날 호텔 회의실을 빌려 현지 무역관에서 주선한 수입업자들과 상담한다. 물론 회의실 대여료는 코트라에서 부담한다. 멕시코에서는 상담 약속한 7개 회사 중 4개 회사, 상파울루에서는 5개 회사와 각각 하루 동안 호텔 회의실에 앉아 상담을 했다. 그 회사들을 일일이 찾아다니며 상담하려면 비용과 시간 면에서 몇 곱절이 더 들어갈 것이다. 게다가 멕시코시티에서 상담한 회사 중에는 지방에서 온 회사도 두 군데나 있었다. 코트라를 통한 면담이 얼마나 효율적인지 알 수 있다.

　한편 코트라에서는 회의실 제공과 함께 집단상담 시 한 회사에 한 명씩 통역을 붙여준다. 통역비는 하루에 100U$ 정도 되는데, 이것도 코트라에서 부담한다.

수출입서류 작성에 신중을 기하라

선적서류는 어떻게 구성되는가
선적서류 매입은 신용장거래의 꽃이다
선하증권은 화물의 유가증권이다
선하증권에는 어떤 것이 있는가
항공화물운송장을 모르는 무역인이 많다

수출입서류는 신중하게 작성해야 한다. 특히 신용장거래에서는 수출입서류 작성의 오류로 인해 작게는 수백만 원에서 수천억 원을 한순간에 날려버리게 된다. 그러므로 수출할 때에는 선적을 완료한 후 수출서류를 완벽하게 작성하여 수입업자의 결제를 받아야 한다. 수입할 때에도 수출업자가 필요한 서류를 제대로 작성했는지 꼼꼼히 살펴봐야 한다. 수입절차에 문제가 발생하면 곧바로 손실로 연결되기 때문이다. 이번 마당에서는 화물의 유가증권인 선하증권부터 상업송장, 포장명세서 등 무역거래에 사용되는 수출입서류에 대해 알아보자.

선적서류는 어떻게 구성되는가

매매계약의 의무 이행은 수출업자의 물품 인도와 수입업자의 대금지급에 따라 이루어진다. 일반적인 무역계약에서는 목적한 물품을 유가증권화하여, 수출업자는 인도의무를 이행하고 수입업자는 지급의무를 이행한다. 다시 말해서, 수출업자와 수입업자가 직접 만나 물품을 인도·인수하는 대신에 서류라는 상징적인 방법을 채택하고 있다.

■■■ 선적서류란?

선적서류shipping document는 물품의 재산권을 증권화한 선하증권부터 상업송장에 부속되는 소액채권청구서에 이르기까지, 무역거래에 사용되는 여러 가지 무역용 문서를 총칭한다. 최근에는 컨테이너의 도입으로 인해 육·해·공을 통한 복합운송이 일반화되어 선박에 의한 해상운송의 비중이 줄어들고 있다. 이에 따라 1994년 1월 1일부터 발효된 1993년 개정 신용장통일규칙에서는 종전의 '선적서류' 대신에 좀더 포괄적인 의미를 갖는 '서류doc-uments' 라는 명칭을 사용한다.

■ ■ ■ 선적서류에는 어떤 것이 있나

　엄밀하게 말해 신용장 상의 선적서류는 해상운송 시 선하증권,

복합운송 시 복합운송서류multimodal transport documents, 항공운송 시 항공화물운송장을 뜻한다. 그러나 일반적으로는 신용장이나 계약서의 요구에 따라 수출물품의 선적을 증명하는 모든 서류로서, 외국환은행의 매입뿐만 아니라 수입업자로부터 대금을 회수하는 데 필요한 서류를 총칭한다. 선하증권·보험증권·상업송장 등으로 구성되어 있으며, 수출물품의 종류나 거래조건에 따라 2종(상업송장과 운송서류)에서부터 10여 종에 달한다.

선하증권

운송인이 증권에 기재된 운송품을 수령하여 지정된 목적지까지 운송한 후, 증권의 정당한 소지인에게 인도하는 것을 약속한 증권을 '선하증권'이라 한다. 선하증권은 선하증권에 기재된 물품을 대표하는 권리증권으로, 운송인과 화주 사이에 협정된 운송조건을 표시한다. 선장이나 선주의 대리인으로서 정당한 권리를 부여받은 사람이 서명한 화물수취증이다.

선하증권은 다음의 사항을 확인해야 한다.

① 2007년에 개정된 신용장통일규칙 UCP600 제20조에 규정된 선하증권 발행조건을 충족시키는가?

② 선하증권이 전통의 선하증권을 제시하도록 요구하고 있는 경우 전통이 정비되어 있는가? (통상 선하증권은 세 통이 한 벌인데 경우에 따라 두 통이 한 벌인 경우가 있다.)

③ 선하증권 면에 운송인의 명칭이 표시되어 있고 운송인, 운송인의

지정대리인 또는 선장, 선장의 지정대리인이 서명하거나 정규의 것으로 증명된 선하증권인가?

④ 선하증권의 발행일·발행통수 등 선하증권에 필요한 기재사항이 있는가?

⑤ 선하증권의 수하인과 착하통지처는 신용장조건과 일치하는가?

⑥ 운임의 지급에 대한 표시가 있고 신용장조건과 일치하는가?

⑦ 무고장 선하증권인가?

⑧ 선적선하증권인가, 수취선하증권의 경우 선적부기가 기재되어 있는가?

⑨ 선하증권의 작성일은 신용장 상의 선적기한 내인가?

⑩ 지시식선하증권인 경우 백지 배서식으로 신용장에 지정되어 있는가?

⑪ 적재항, 출하지 등은 맞는가?

⑫ 신용장에서 용선계약선하증권을 요구하는 경우 UCP600 제22조에 규정된 은행이 수리할 수 있는 발행조건과 일치하는가?

⑬ 신용장에서 우편소포수취증 또는 우송증명서를 요구하는 경우 UCP600 제25조 규정된 은행이 수리할 수 있는 발행조건과 일치하는가?

보험증권

보험계약의 성립을 증명하는 서류로서, 보험회사가 피보험자인 수출업자나 수입업자의 청구에 따라 발행·교부하고 원칙적으로 양도가 가능한 유통증권을 '보험증권insurance policy' 이라 한다. 가격조건이 CIF 조건과 CIP 조건일 경우에는 수출업자에게 요구되며, 보통 두 통이 발행된다.

보험증권은 다음의 사항을 확인해야 한다.

① 2007년에 시행된 신용장통일규칙 제28조에 규정된 은행이 수리할
   수 있는 보험서류의 발행요건을 충족시키는가?
② 보험증권은 다음과 같은 법정기재요건을 구비하고 있는가?
   • 보험의 목적
   • 보험자가 부담하는 위험
   • 보험금액
   • 보험료 및 지급방법
   • 보험계약자의 성명 또는 칭호
   • 보험계약일자
   • 보험증권의 작성지와 작성일자

③ 보험증권은 몇 통을 발행했는가? (통상 두 통을 제시한다.)
④ 보험증권의 발행회사명과 서명은 있는가?
⑤ 신용장조건대로 배서가 되어 보험금 청구권이 정당한 소지인에게
   양도되도록 되어 있는가?
⑥ 신용장에서 요구하고 있는 최저부보금액이 확보되어 있는가? (통상
   적으로 CIF 가격의 110%로 되어 있다.)
⑦ 면책위험(사고)으로 되어 있는 것이라도 신용장이 특히 부보해야
   하는 위험으로 지정되어 있는 것이 보험증권 표면에 기재되어 있
   는가?
⑧ 보험증권 상의 통화가 신용장 금액과 동일한 통화로 표시되어 있
   는가?
⑨ 보험구간이 선하증권 기재의 사항과 일치하며 전 운송과정을 커버

하고 있는가?

⑩ 보험증권의 발행일이 선하증권의 발행일과 동일하거나 그 이전으로 되어 있는가?

⑪ 신용장에 기재되어 있는 부보해야 할 위험이 보험증권 면에 기재되어 있는가?

상업송장

수출업자가 수입업자 앞으로 발행하는 물품매매의 증거가 되는 가장 기본적인 서류를 '상업송장commercial invoice'이라 한다. 여기에는 수출물품의 품명·규격·단가·총 금액 등이 기재되며, 선적화물의 대금청구서, 내용명세서, 매매계산서 등의 역할을 한다. 특히 수출업자가 직접 작성하는 상업송장 상의 물품명세는 신용장 상의 물품명세와 글자 하나라도 틀려서는 안 될 만큼 정확히 작성되어야 한다.

상업송장은 다음의 사항을 확인해야 한다.

① 2007년 UCP600 제18조에 규정된 상업송장의 수리조건을 충족시키고 있는가?

② 상업송장의 통수는 신용장의 요구대로인가?

③ 신용장 발행의뢰인 앞으로 작성되어 있는가?

④ 상업송장은 서명할 필요가 없는데, 서명이 되어 있는가?

⑤ 신용장이 양도되지 않는 경우 송장의 작성자(수익자)와 어음발행인이 일치하는가?

⑥ 송장금액은 정확하게 계산되어 있는가, 또 합계금액은 신용장금액 범위 내인가?

⑦ 물품의 기술이나 명세는 신용장의 기술과 일치하는가?

⑧ 송장의 하인, 선박명, 선적지 등 각 기술사항이 기타 선적서류와 일치하고 서류 상호 간에 모순이 없는가?

환어음

채권자인 수출업자가 채무자인 수입업자에게 물품대금인 채권 전액을 어음소지인이나 수출업자가 지명하는 사람에게 무조건 지급할 것을 위탁하는 일정한 형식의 유가증권으로, 수출대금을 지급하는 수단 중 하나를 '환어음bill of exchange, draft'이라 한다. 일반 어음이 돈을 갚아야 하는 채무자가 발행하여 채권자에게 주는 것에 비해, 환어음은 돈을 받아야 하는 채권자가 발행하여 채무자에게 제시한다. 엄밀한 의미로는 선적서류에 포함되지 않는다.

환어음은 다음의 사항을 확인해야 한다.

① 회사명은 틀림없는가, 정당한 서명이 있는가?

② 발행일, 발행지, 지급인명 등 어음법 상의 필수적인 기재사항이 기재되어 있는가?

③ 어음기간(일람출급, 기한부 등)이 신용장조건과 일치하고 있는가?

④ 어음금액이 신용장 총액 또는 잔고의 범위 내인가?

⑤ 어음금액이 상업송장 금액과의 관계에서 신용장조건대로인가?

⑥ 어음금액의 문자와 숫자가 일치하고 있는가?

⑦ 발행일은 신용장 유효기간 내이고, 또한 신용장에 명시되어 있는
선적일로부터 매입일까지의 기간인가?

⑧ 어음지급인은 신용장조건대로 되어 있는가?

⑨ 정정한 곳이 있는 경우 그곳에 정정인을 찍었는가?

원산지증명서

화환어음의 부대서류로서 수출물품의 원산지를 증명하는 국정증서의 성격을 가진 문서를 '원산지증명서(certificate of origin ; C/O)'라 한다. 적성국·생산국 등에 관한 판별 목적으로 이용되며, 특히 일반특혜관세제도(generalized system of preference ; GSP)는 개도국의 수출 확대와 공업화 촉진을 위해 선진국이 개도국으로부터 수입하는 농수산품과 공산품에 대해 아무런 조건 없이 무관세 혹은 저율의 관세를 부과하는 관세상의 특혜제도를 말한다. 이러한 관세상의 특혜를 수혜하기 위하여 발행하는 것이 GSP C/O이다.

포장명세서

포장·운송·통관상의 편의를 위해 수출업자가 수입업자 앞으로 작성하여 거래하는 계약·거래 관련 서류로서, 물품의 포장단위별 내용명세·순 중량·총 중량·포함숫자·용적 등을 기재한 서류를 '포장명세서'라 한다. 원산지증명서 등과 함께 중요한 부속서류에 속한다.

선적서류는 거래하는 물품의 재산권을 증권화한 선하증권, 운송 중 위험담보를 증명하는 보험증권, 매매와 재산관계를 증명하는 상업송장, 선적한 물품의 구성, 수량, 포장 내역을 나타내는 포장명세서, 수출물품의 원산지를 증명하는 원산지증명서 등으로 구성되어 있다.

선적서류 매입은 신용장거래의 꽃이다

매입이란 매입을 수권받은 은행이 환어음과 선적서류를 받고 그에 해당하는 대가를 지급하는 것을 의미한다. 대가의 지급 없이 단순히 선적서류를 검토하는 것은 매입이 아니다.

선적서류의 매입nego은 수출업자가 신용장조건에 일치하는 서류를 매입은행에 제시하고 신용장대금을 수령하는 모든 절차를 말한다. 매입은행이 적정한 이자(환가료)를 차감하고 결제한 후, 개설은행이나 수입업자의 거래은행에 환어음과 선적서류를 제시하여 상환받는다. 한마디로 말해서, 선적서류의 매입은 매입은행이 수출업자로부터 선적서류를 할인가격으로 매입한다는 뜻이다.

■■■■ 선적서류를 매입하는 절차

수출업자는 매입은행에 수출환어음매입(추심)신청서, 신용장, 상업송장, 선하증권 등을 접수한다. 선적서류를 접수한 매입은행은 선적서류의 내용을 점검한다. 즉, 제출된 서류가 신용장조건과 일치하는지, 서류 상호 간에 모순되는 점이 있는지 등을 상당한 주의를 기울여 검토한다. 검토가 끝나면, 제시된 선적서류 중 신용장조건(변경)에 관련된 서류가 빠짐없이 제시되어 있는지의 여부 등에 관해서 서류검사를 한다. 서류심사가 완료되면 매입은행은 적정한 이자를 차감한 후 수출대금을 지급한다.

매입은행은 돈 빌려주는 여신행위로서 선적서류를 매입하므로,

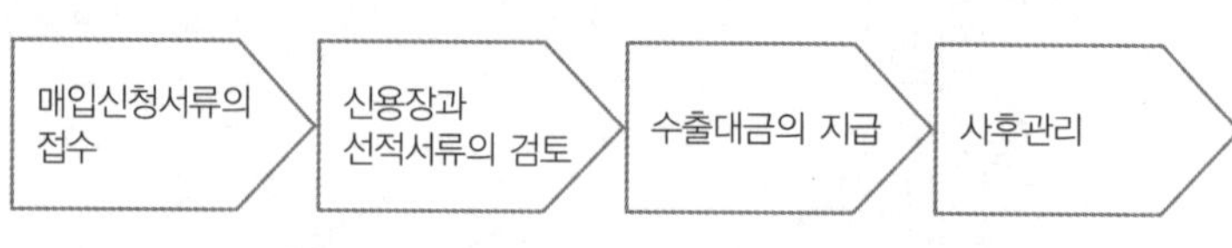

신용장 개설은행에서 수출대금을 입금하지 않으면 수출업자가 되
갚아야 한다. 매입은행은 수출업자나 신용장 개설은행의 신용이
낮다고 판단될 경우 매입 자체를 거부할 수 있다. 이때 수출보험
중 '수출신용보증'을 이용할 수 있다.

■■■ 매입은행의 신용장과 선적서류의 대조

매입은행은 신용장과 수출업자가 제시한 선적서류를 대조한 후
불일치한 부분이 없으면 매입한다. 먼저 상업송장 상의 기술이 신
용장조건과 일치하는지 확인한 후 상업송장과 나머지 서류, 즉 환
어음·운송서류·보험서류와 기타 서류가 일치하는지 확인한다.
서류 상호 간의 불일치는 신용장조건을 충족하지 못하는 부분으
로 간주되어 매입은행은 선적서류의 매입을 거절한다. 따라서 수
출업자는 선적서류의 매입을 의뢰할 때 선적서류가 신용장조건과

일치하는지, 또 선적서류 상호 간의 불일치한 부분은 없는지 신중히 검토해야 한다. 선적서류의 내용이 거울처럼 똑같이 일치하여야 하는 것은 아니다.

■■■■ 선적서류의 재매입

신용장 상에 매입은행이나 지급은행이 특정은행으로 지정되고, 지정은행 이외의 은행이 환어음과 선적서류를 매입한 경우에는 지정은행 앞으로 재매입renegotiation을 의뢰해야 한다. 재매입은 수출업자가 자신의 주거래은행을 선호하는 경우에 자주 발생한다.

재매입의 의뢰 대상이 되는 신용장에는 다음과 같은 것들이 있다.

- 지정신용장Straight L/C — 지급, 연지급, 인수 또는 매입을 지정은행이 할 수 있도록 권한을 준 신용장으로서 'available with ABC Bank by ~'의 조건을 포함한다.
- 매입제한신용장 — 매입이 특정은행으로 지성뇌어 있나.
- 상환제한신용장 — 매입을 제한하는 특별한 문구는 없으나, 신용장 상에 상환권리가 특정 은행이나 통지은행으로 제한되어 있다.
- 확인신용장 — 신용장이 국내은행에 의해 확인되는 경우 확인은행에 매입신청을 해야 한다.

■■■ 하자(흠결) 있는 선적서류의 매입

실제 선적이 계약조건을 충족하더라도 선적서류가 신용장조건과 일치하지 않으면 수출업자는 신용장의 결제보증을 받지 못한다. 선적서류에 하자가 있는 경우 수출업자는 서류를 수정하여 다시 매입할 것을 요청해야 한다.

신용장조건의 변경 후 매입

신용장조건을 변경하여 하자가 있는 사항을 없앤 후 선적서류를 다시 매입한다. 단순히 수입업자가 수락하는 팩스나 다른 전문은 효력이 없다.

정정된 서류의 보완

신용장 상의 서류제시기한과 유효기간에 여유가 있는 경우에는 그 기한 내에 하자가 있는 부분을 수정해서 선적서류를 다시 보낸다.

전신조회매입

매입은행이 하자가 있는 서류를 개설은행으로 보내지 않고 보관한 상태에서 하자의 내용을 전신으로 통보하면서, 개설은행에 이러한 하자에도 불구하고 결제할 것인지 문의하는 방법으로, 선진국에서 자주 사용하는 방법이다. 개설은행이 정상적으로 결제하겠다고 통보하면 매입은행은 수출업자에게 매입금액을 지급하고, 정상 결제 통보가 없는 경우에는 매입은행이 수출업자에게 제시된 서류를 돌려준다.

보증서부 매입

수출업자로부터 불일치 사항의 확인과 이로 인한 비용과 손해를 수출거래약정서에 따라 부담하겠다는 확약서를 받고 매입하는 방법이다. 수출업자의 확약서letter of guarantee를 받고 진행한다 하여 이를 'LG Nego' 라고도 한다. 이는 수출업자와 매입은행의 법률관계를 명시한 것뿐이지 신용장 개설은행에는 그 효력이 미치지 않는다.

추심(Collection Base)

선적서류를 추심한 후 대금이 입금될 경우 지급하는 방법으로, 수출업자의 자금회수가 늦어지거나 불안해지는 위험부담이 있다.

■ ■ ■ 최종입금 확인

매입은행은 매입절차를 통해 수출업자에게 실질적인 여신행위를 한다. 최종적으로 개설은행에서 매입대금이 입금되어야만 해당 수출건의 결제가 완료된다. 매입 후 7일~10일 정도 지나 수입업자가 선적서류를 은행에서 수취하고 결제를 완료했는지 확인한다. 결제를 했음에도 국내 매입은행에 매입대금의 입금이 확인되지 않는다면, 수입업자에게 요청하여 개설은행의 결제 관련 전문 사본을 받아 매입은행에 제시해야 한다. 매입을 하고 일정 기간이 지나도 결제가 되지 않는다면 지연이자를 납부해야 하므로, 반드시 목록을 작성하여 최종입금확인을 해야 한다. 매입대금이 입금되면 송금수수료에 해당하는 금액만큼 차액을 부담하는 경우도 있다.

■■■ 부도통보를 접수할 때의 대처방안

부도통보를 받은 경우 수출업자는 즉시 별도의 지시가 있을 때까지 부도서류를 보관하라는 내용의 전문을 매입은행을 통해 결제은행 앞으로 보낸다. 그런 다음 하자사항을 검토하고 고칠 수 있는지 확인한다. 유효기간이 남아 있으면 고친 서류를 매입은행에 제시하여 개설은행으로 보내도록 하고 그 사실을 개설은행에 알린다. 유효기일 내에 고쳐서 보낸 서류가 신용장조건과 일치할 경우 매입은행은 부도처리할 수 없다.

선적 지연이나 유효기간 후의 매입 등과 같은 결정적인 하자사항으로 인한 부도일 경우 수입업자와 직접 협의하여 해결방법을 찾아야 한다. 개설은행도 수입업자가 결제하겠다고 하면, 불일치

사항에 관계없이 지급하기 때문이다.

선적한 물품이 도착한 후 장기간 동안 부도중일 때는 수입업자가 물품을 찾아갔는지의 여부를 운송회사를 통해 확인해볼 필요가 있다. 수입업자가 억지요구를 하면 제3자 판매를 추진한다. 부도기간이 길어질수록 지연이자나 창고료 등 비용이 늘어나고, 물품이 훼손되어 현지 판매가 어려워질 수 있다. 따라서 부도통보는 신속하게 해결해야 한다.

수출대금이 입금되지 않고 수입업자와 연락되지 않거나, 수입업자가 협조적이지 않을 경우에는 무역보험공사에 보상신청을 한다. 수출보험에 부보하지 않은 경우에는 미수채권 전문 추심기관에 회수를 의뢰한다.

■■■ 신용장에 의한 수입대금의 결제

수출업자가 매입은행에 선적서류를 제시하면, 매입은행이 이를 검토하여 매입 혹은 추심한 후 신용장 개설은행에 보낸다. 이를 접수한 개설은행은 신용장조건과 선적서류 등이 일치하는지 심사하고, 수입업자에게 선적서류의 도착을 알린다. 이를 '신용장에 의한 서류 인도' 라고 한다.

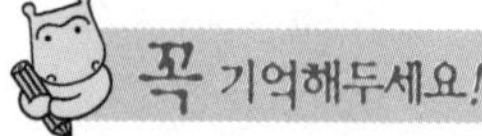

선적서류의 매입은 수출업자가 신용장조건에 일치하는 서류를 매입은행에 제시하고 신용장대금을 수령하는 절차를 말한다.
신용장에 특정 은행이 매입은행이나 지급은행 등으로 지정되고, 지정된 은행 이외의 은행이 환어음이나 선적서류를 매입한 경우에는 지정된 은행에게 재매입을 의뢰해야 한다.

쉽게 알자! 무역실무

선하증권은 화물의 유가증권이다

　무역거래에서 선하증권이 차지하는 비중은 매우 큰데, 대부분의 무역업자들은 안이하게도 무원칙적으로 선하증권을 취급하여 많은 사고를 유발시키고 있다. 업무상의 편의를 내세워 원칙을 무시하거나 경솔히 처리하여 문제가 발생하면, 금전적인 손실을 입을 뿐만 아니라 법적 분쟁까지 일으키게 된다. 선하증권의 거래금액이 적지 않음을 감안하여 어음이나 수표를 다룰 때처럼 선하증권을 각별하게 다룬다면, 무역거래가 보다 원활하게 이루어질 것이다. 특히 선하증권은 화물의 소유권을 대표하는 중요한 서류라는 점을 잊어서는 안 된다.

선하증권은 해상운송계약에 의해 특정한 선박에 소정의 화물이 운송을 위해 선적된 사실을 선주·선장·선주의 대리인 등이 인정하여 서명한 유가증권이다. 선박회사가 화주로부터 선적하거나 선적하기 위해 화물을 위탁받은 사실과 화물을 목적항까지 운송하여 선하증권 소지자에게 인도하는 것을 약속한 화물의 수취증권이다. 한마디로 말해서, 선하증권은 선적한 화물을 대표하는 증서로서, 제3자에게 인도하거나 배서하여 되팔 수 있는 유가증권이다.

■■■ 선하증권을 처리하는 절차

무역거래는 장기간 동안 운송되기 때문에, 시장이나 백화점처럼 사고파는 당사자 사이에 값을 지불하고 곧바로 물품을 공급할 수 없다. 일반적으로 선하증권과 관련된 무역업무는 다음과 같이 진행된다.

① 수출업자가 운송인에게 물품을 인도한다.
② 운송인이 물품을 확인한 후 수출업자에게 선하증권을 발행한다.
③ 수출업자는 운송인으로부터 받은 선하증권을 은행을 통해 혹은 수입업자에게 직접 전달한다.
④ 수입업자는 은행을 통해 인수하거나 혹은 수출업자에게 직접 받은 선하증권으로 운송인으로부터 물품을 인수하거나, 인수하지 않을 경우 제 3자에게 선하증권을 다시 판다.

■■■ 선하증권을 활용하는 방법

선하증권은 무역대금의 결제수단, 운송물품의 담보수단, 운송물품의 전매수단 등으로 사용된다. 무역대금의 결제 시 가장 많이 이용하는 화환어음 결제방식에서 선하증권은 환어음 매입에 꼭 필요한 서류이다. 수출업자는 물품과 대금을 동시에 교환하는 것이 아니라, 선하증권을 비롯한 상업송장, 포장명세서, 보험증서 등의 선적서류를 신용장 개설은행이나 수입업자 앞으로 발송하고 환어음을 발행한다. 이를 수출지의 거래은행이 매입하여 물품대금을 지급한다. 따라서 선하증권은 무역대금의 결제수단으로서 무역화폐라 할 수 있다.

은행이 개입하지 않은 거래의 경우에는 무역계약에서 합의한 수입업자의 결제행위에 따라 수출업자가 수입업자에게 선하증권을 직접 보낸다. 수입업자는 수출업자에게서 받은 선하증권을 운송인에게 제시·상환하여 물품을 인수한다. 따라서 선하증권은 간접적인 무역대금의 결제수단이라 할 수 있다.

신용장 개설의뢰인인 수입업자가 물품대금을 입금하지 않을 경우 개설은행은 선하증권을 양도하지 않는다. 개설은행이 선하증권을 가지고 있는 한 선하증권에 기재된 운송물품에 대한 담보권은 유지된다. 개설의뢰인이 최종적으로 물품대금을 입금하지 못할 경우에는 (개설의뢰인이 제공한 담보물 처분과 별도로) 선하증권의 소지인으로서 개설은행이 선하증권을 제3자에게 인도하여 대금을 회수하거나, 운송인에게 화물인도청구권을 직접 행사할 수 있다.

선하증권을 가진 자는 선하증권을 매매하여 앞으로 도착하거나 혹은 이미 도착된 화물을 매매할 수 있다. 즉, 수입업자는 물품 그 자체를 매매하는 번거로움 없이 선하증권을 매매하여 간편하게 거래를 할 수 있는 것이다.

■■■ 무역주체별로 선하증권을 활용하는 방법

운송인

선하증권은 화주와의 운송계약 성립을 증명하는 증거문서로서, 운송인과 화주의 권리의무 관계가 명시된다. 특히 선하증권의 문언성에 따라 화물의 명세, 개수, 외관상태가 기재된 수령증으로서 역할을 한다. 또한 운송조건과 운송약관 등을 명시한 서류이기도 하다.

수출업자

재래선이나 컨테이너선에서의 선하증권은 수출업자에게 운송서류의 기본이자, 수출대금을 결제받기 위한 화환어음의 핵심서류이다. 계약 이행, 즉 선적을 증명하며, 수입업자에게 선적을 통지하는 경우에도 이용된다.

수입업자

수입업자는 선하증권과 교환하여 물품을 인도받으며, 화물의 멸실이나 손상 등의 손해가 발생하면 선하증권에 근거하여 운송인에게 손해배상을 청구할 수 있다.

은행

환어음을 매입한 매입은행은 수출업자가 제시한 선하증권 등의 운송서류를 근거로, 개설은행이 지급을 거절할 경우 이미 지급한 매입금액에 대한 채권을 선하증권의 권리자로 행사한다. 또 수입국의 신용장 개설은행은 수입업자가 지급할 수입대금을 담보하기 위해 수출업자가 매입은행을 통해 제시한 선하증권을 사용한다.

보험회사

보험회사는 보험사고의 발생 시 보험수익자에게 보험금을 지급하고 대위를 통해 선하증권 상의 권리를 획득하며, 운송인에 대해 구상권의 증거서류로 선하증권을 이용한다. 이는 손해보험의 이익취득금지원칙에서 비롯된 것이다. 즉, 생명보험과 달리 해상보험은 사고로 입은 손실만큼만 보상해준다. 이후 보험계약자를 대신하여 손상된 물품의 소유권이나 손실을 발생시킨 자에 대한 보상청구권을 행사하여 추가이익을 얻는다. 보상받는 순간 보험계약자는 소유권이나 보상청구권을 보험회사에 인도하는 것이다.

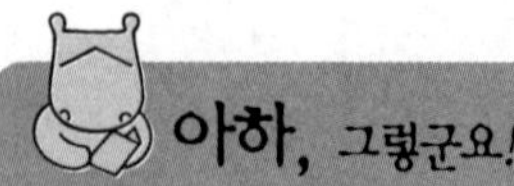

부합계약
계약 당사자 일방이 작성한 정형적인 약관에 대해 나머지 당사자가 사실상 포괄적으로 승인할 수밖에 없는 계약을 말한다.

■■■ 선하증권 약관의 효력

선하증권 약관은 운송계약의 표준적인 내용과 조건을 미리 정한 조항으로, 다수의 상대방과 해상운송거래가 획일적으로 이루어지

쉽게 알자! 무역실무

도록 부합계약화하고 있다. 운송계약 당사자는 선하증권 상에 기
재된 약관에 따라 운송관계가 결정되고 그 내용이 운송계약의 내
용으로 인정된다. 따라서 선하증권 약관의 내용을 인지하였는지
의 여부에 관계없이 일정한 요건을 갖춘 선하증권 약관은 해상운
송계약의 당사자를 구속한다.

꼭 기억해두세요!

선하증권은 선주나 선장, 선주의 대리인으로서 정당한 권리를 부여받은 사람이
서명한 화물수취증이고, 운송인과 화주 사이에 협정된 운송조건을 표시하는 증
권이며, 선하증권에 기재된 물품을 대표하는 권리증권이다.
선하증권은 무역대금의 결제수단, 운송물품의 담보수단, 운송물품의 전매수단 등
으로 사용된다.

Bill of Lading

<table>
<tr>
<td>①Shiper/Exporter
ABC TRADING CO.LTD.
1. PIL-DONG JUNG-KU, SEOUL, KOREA</td>
<td colspan="3">⑪B/L No : But 1004</td>
</tr>
<tr>
<td>②Consignee
TO ORDER OF ABC BANK</td>
<td colspan="3"></td>
</tr>
<tr>
<td>③Notify Party
ABC IMPORT CORP.
P.O. BOX 1, BOSTON, USA</td>
<td colspan="3"></td>
</tr>
<tr>
<td>Pre-Carrage by</td>
<td colspan="2">⑥Place of Roceipt
PUSAN, KOREA</td>
<td></td>
</tr>
<tr>
<td>④Ocoan Vessel
WONIS JIN</td>
<td>⑦Voyage No.
1234E</td>
<td colspan="2">⑫Flage</td>
</tr>
<tr>
<td colspan="4">⑤Port of Loading   ⑧Port of Discharge   ⑨Port of Delivery   ⑩Final Destination(For the Merechant Ref.)
PUSAN, KOREA   BOSTON, USA   BOSTON, USA   BOSTON, USA</td>
</tr>
</table>

⑬Container No. ⑭Seal No. Marks & No	⑮No & Kinds of Containers or Packages	⑯Description of Goods	⑰Gross Weight	Measurement
ISCU1104	1 CNTR	LIGHT BULBS (64,000 PCS)	4,631 KGS	58,000 CBM
Total No. of Containers or Packages(in words)				

⑱Freight and Charges	⑲Revenue tons	⑳Rate	㉑Per	㉒Prepaid	㉓Collect

<table>
<tr>
<td>㉓Freight prepaid at</td>
<td>㉔Freight payable at</td>
<td rowspan="2">㉖Place and Date of Issue
May 20, 2003, Seoul
Signature</td>
</tr>
<tr>
<td>Total prepaid in</td>
<td>㉕No. of original B/L</td>
</tr>
<tr>
<td colspan="2">㉗Laden on board vessd
Date   Signature
May 21, 2003</td>
<td>㉘ABC Shipping Co. Ltd.
as agent for a carrier, zzz Liner Ltd.</td>
</tr>
</table>

선하증권에는 어떤 것이 있는가

신용장이 용도에 따라 여러 가지 종류가 있는 것처럼, 선하증권도 용도에 따라 여러 가지 종류가 있다.

▪▪▪ 발행시기에 따른 분류

선적선하증권shipped B/L, on board B/L은 앞면에 'shipped'나 'on board' 등이 기재되어, 화물의 선적이 실질적으로 완료되었음을 나타내는 선하증권이다. 수취선하증권received B/L은 화물이 선적되지 않은 상태에서 선박회사의 부두창고에 입고될 때 발행하는 선하증권이다. 수취선하증권을 발행한 후 선적이 완료되면, 선하증권 면에 'On board notation' 이라고 기재하여 선적 선하증권과 동일하게 취급한다. 컨테이너 운송이나 복합운송 등 운송형태의 변화에 따라 수취선하증권이 되는 경우가 많다.

■■■ 유통성 여부에 따른 분류

유통가능선하증권negotiable B/L은 전매나 양도를 할 수 있으며, 종류로는 지시식선하증권 · 지참식선하증권 · 선택지참식선하증권 · 무기명식선하증권 · 선택무기명식선하증권 등이 있다. '유통가능negotiable' 이라는 표시나 수하인consignee란에 'to order' 또는 'to bearer' 등의 표시는 유통가능선하증권임을 나타내는 표시이다.

유통불능선하증권non negotiable B/L은 전매나 양도가 허용되지 않는 선하증권으로, 원본 세 통 이외의 사본이나 기명식에 '유통금지non negotiable' 라는 문언이 있는 선하증권이다. 해상운송에 의한 무역물품의 경우 유통불능선하증권은 드물고, 이삿짐 등을 운송할 때 이용된다. 항공운송의 경우 항공화물운송장은 모두 기명식으로 발행되는데 이것들은 모두 유통불능증권이며, 해상운송장sea waybill 또한 유통불능증권이다.

■ ■ ■ 수하인의 표시방법에 따른 분류

기명식선하증권straight B/L, non negotiable B/L, consigned B/L은 화물의 수취인으로서 수입업자의 이름이 적혀 있는 선하증권이다. 'ABC co., 123 4th avenue, New York, USA' 와 같이 수하인의 이름이 적혀 있고, 'Non Negotiable' 이라는 유통금지 문언이 적혀 있어 ABC 회사만이 선적화물을 찾을 수 있다.

지시식선하증권order B/L, negotiable B/L은 화물의 수취인을 적지 않고 단순히 'To order', 'To order of A', 'To order of……bank' 와 같이 지시인만 적어 유통을 목적으로 하는 증권이다. 'To order of shipper' 는 송하인의 지시를 받아 그가 지정하는 자에게 화물을 인도하라는 의미이다. 'To order of……bank' 는 명기된 은행(일반적으로 신용장 개설은행)의 지시를 받아 그 은행이 지정하는 사람에게 화물을 인도하라는 의미이다.

무기명식선하증권bearer B/L은 지참식선하증권이라고도 하며 수하인란에 'bearer' 또는 'to bearer'라는 표시가 기재된 선하증권이다. 수하인란을 공란으로 한 경우도 무기명식이라 하여 지참식이 된다. 지참식은 누구라도 그 선하증권을 갖고 있으면 수하인이 될 수 있다. 'to…… co., ltd. or bearer'로 되어 있는 선택지참식도 있다. 이 경우 '…… co., ltd.'는 배서로, 후자는 교부만으로 유통시킬 수 있다. 우리 상법에는 관련 규정이 없다.

■■■ 화물사고 유무에 따른 분류

무사고선하증권clean B/L, unclaused B/L은 계약한 화물을 선적할 때, 화물의 상태가 정상적이고 수량이 맞을 경우 별도의 명기 없이 발행된다.

사고부선하증권foul B/L, dirty B/L은 선박회사가 물품을 인수할 당시 포장 상태가 좋지 않거나 수량이 모자랄 경우, 화물을 인수한 일등항해사가 이러한 이상 상태를 M/R의 적요란에 적고, 선박회사가 선하증권의 적요란에 이 사실을 적은 증권을 말한다. 이 증권은 은행에 제시할 경우 매입을 거절당하게 된다.

■ ■ ■ 운송계약의 성격에 따른 분류

정기선선하증권liner B/L은 현재 발행되어 사용되고 있는 대부분의 선하증권이다. 용선계약부선하증권under charter party B/L은 화주와 선박회사 사이에 맺어진 항해용선계약에 따라 곡물·석탄·철광석 등의 벌크화물을 운송할 때 일종의 화물수령증으로 간단히 발행된다.

■ ■ ■ 운항지역에 따른 분류

원양·외항선하증권ocean B/L은 외국 해상운송 시 발행되며, 대외무역에서 사용되는 선하증권의 대부분을 차지한다. 내국·구간선하증권local B/L은 국내 해상운송 시 발급되며, 일반무역에서는 사용되지 않는다.

■ ■ ■ 혼재(콘솔 : Consolidation) 여부에 따른 분류

통합·집단선하증권groupage B/L, master B/L은 LCL 화물 선적 시 선사가 포워더를 송하인으로 하여 교부하는 선하증권이다. 여러 사람의 화물을 하나의 컨테이너로 취합하는 혼재운송에서

쓰인다. 혼재선하증권house B/L은 혼재를 주선한 포워더가 각각
의 화주들에게 발행한다.

■■■ 계속운송의 성격에 따른 분류

통선하증권through B/L은 통과선하증권이라도 하며 화물을 목
적지까지 운송하는 데 다른 선박회사의 선박을 이용하거나, 해상
운송·육상운송·항공운송을 교대로 이용하여 운송하는 경우에
발행하는 선하증권이다. 복합운송증권combined transport do-
cument, multimodal transport document은 육상운송·해상운송·
항공운송 중 두 가지 이상의 형태로 운송이 형성될 때 발급되며,
문전에서 문전까지(door to door) 일괄운송되는 컨테이너 화물운
송에 사용된다.

■■■ 환적 여부에 따른 분류

환적선하증권transshipment B/L은 목적지까지 운송하는 도중에
중계항에서 다른 선박에 환적하여 최종 목적지까지 운송할 때 발
행된다. 표면에 'with transshipment at……' 또는 'on carri-
er……' 등의 문언이 기재된다. 직항선하증권direct B/L은 선적항

에서 양륙항까지 직항하는 해상운송에서 발행되는 선하증권이다.

■■■ 기타 특수선하증권

약식선하증권

약식선하증권short form B/L은 원래의 선하증권, 즉 정식선하증권long form B/L의 내용이 너무 많아 작성과 발행이 번거로울 때 발행수속을 줄이기 위해 만들어진 선하증권이다. 분쟁이 발생하면 정식선하증권 상의 선주와 화주의 권리와 의무에 따른다.

제3자선하증권

제3자선하증권third party B/L, neutral B/L은 선적서류의 송하인이 신용장의 수익자가 아닌 선하증권이다. 중계무역에서 선적화물이 제3자에게 다시 팔리는 과정에서 수입업자인 신용장 개설의뢰인이 수익자의 이름을 제3자에게 알리고 싶지 않거나, 선적과 통관전문 대행업체가 화물의 송하인이 되는 경우에 발행된다.

목적지선하증권

목적지선하증권destination B/L은 일반적으로 선적지에서 선하증권을 발행하는 대신에, 송하인의 요구에 따라 목적지나 송하인이 희망하는 장소에서 발행하여 화물을 인수하는 데 편의를 제공하는 선하증권이다. 수입업자가 소재한 장소에서 교부받으며, 서류보다 화물이 먼저 도착한 경우에 이용가치가 있다.

결삭선하증권

결삭선하증권hitchment B/L은 두 개 이상의 선적항에서 선적되는 화물의 운송에 대해 하나로 발행되는 선하증권이다. 발행요건은 같은 선박에 목적지·송하인·수하인이 각각 동일하며, 선적일자는 화물 전량이 선적된 일자이다.

시효초과선하증권

시효초과선하증권Stale B/L은 선적서류의 발행일로부터 신용장에서 정한 일정한 제시기간을 초과하거나, 신용장 상에 제시기간이 정해져 있지 않을 경우, 선하증권 발행일로부터 21일이 지난 경우 등의 선하증권을 말한다.

선선하증권

선선하증권Back dated B/L은 실제 선적일보다 앞서 발행된 비정상적인 선하증권이다. 화물을 받지 않은 상태, 화주의 창고에서 항만의 CY나 CFS로 화물이 출발한 상태, 자금이 급한 수출업자의 요청에 따라 화물의 입고나 선적 이전에 발행된다. 수출상의 Clean Nego를 위해 선적일 이후에 실제 선적일 이전 날짜를 명기하여 발행되기도 하는데, 수입상이 이를 문제삼을 수 있다.

Surrender B/L

Surrender B/L은 엄밀히 말하면 선하증권을 포기한다고 하는 것이 보다 정확하다. 정상적인 흐름과 달리, 송하인이 발급받은 선하증권을 보내지 않거나 아예 선하증권을 발행하지 않고, 목적지의 선박회사 지점이나 상대국 포워더에게 전문을 보내 화물을 인도하도록 하는 것이다. Quick Release라 부르기도 한다.

항공화물운송장을 모르는 무역인이 많다

항공운송대리점이 직접 또는 항공사를 대신하여 발행하여, 수출업자와 운송인이 항공화물의 운송계약을 체결하고 수출업자로부터 항공화물을 인수했다는 사실을 증명하는 화물수취증을 '항공화물운송장(air waybill ; AWB)' 이라 한다. 일종의 해상운송의 선하증권으로 기본적인 성격은 선하증권과 유사하지만, 화물의 수취를 증명하는 영수증으로는 유통이 불가능하다. 미국이나 유럽에서는 'Consignment note' 또는 'Air consignment note' 라고 부른다.

신용장거래, D/P 거래, D/A 거래 시 수하인을 수입업자 조건으로 발행하는 경우, 수입업자가 은행에 대금을 결제하지 않고 공항에서 항공사로부터 화물을 인수할 수 있다. 신용장에 'AWB

consigned to the opening bank' 라고 기재하고, 항공화물운송
장의 consignee란에는 신용장 개설은행을 명기해야 수입업자가
은행에 대금결제를 하고 화물소유권을 이전받을 수 있다.

■ ■ ■ 항공화물운송장의 세계적 표준화

항공화물운송장은 국제항공운송협회(IATA)에서 양식과 발행방
식을 세부적으로 규정하고 있다. 또한 운임·운송조건·취급방
식·사고처리·기타 등에서 IATA는 될 수 있는 한 표준화·통일
화를 꾀하고 있다. 따라서 하나의 운송장으로 대상 화물이 언어·
법률·제도·노선·국적이 다른 여러 항공사에 의해 출발지에서
도착지까지 원활하고 신속하게 운송될 수 있는 것이다. 이러한 유

◀▶ **항공화물운송장의 구성**

번 호	색구분	용 도		기 능
원본 1	녹색	발행 항공사용		발행 항공사가 운임이나 다른 회계처리를 위해 사용한다. 송하인과 항공사 간에 운송계약이 성립함을 증명한다.
원본 2	적색	수하인용		화물과 함께 목적지에 보내 수하인에게 인도된다.
원본 3	청색	송하인용		출발지에서 송하인으로부터 항공사가 화물을 받았다는 수령증 및 운송계약을 체결하였다는 증거서류이다.
부본 4	황색	인도항공사용		도착지에서 수하인이 화물인수에 서명하고 인도 항공사에 돌려주는 화물인도증명서 및 운송계약 이행 증거서류이다.
부본 5	백색	도착지 공항용		화물과 함께 도착지 공항에 보내져(보통 세관 업무를 위해) 사용된다.
부본 6		세번째	운송 항공사용	운송에 참가한 항공사가 운임정산을 위하여 사용한다.
부본 7		두번째		
부본 8		첫번째		
부본 9		발행대리점		발행대리점의 보관용이다.
부본 10~12		예비용		필요에 따라 사용한다.

통성은 IATA의 모든 규정을 대부분의 정부가 인가하여 공인하고 있으며, 항공운송에 관한 국제조약인 WARSAW 조약으로 법률적 뒷받침이 되고 있다.

쉽게 알자! 무역실무

■■■ 항공화물운송장의 기능

항공화물운송장은 운송을 위탁한 화물을 접수했다는 영수증이
자, 운송계약을 체결했다는 사실을 문서상으로 증명하는 서류이
다. 또한 항공화물운송장은 세관신고서이며, 화물운송의 지침서
이다.

■■■ 항공화물운송장의 발행

항공화물운송장은 항공사나 항공사의 대리점에서 발행하는 것
이 통례이다. 대리점은 화주가 가져온 상업송장과 포장명세서 등
의 선적서류와 화물운송화주지시서shipper's letter of instruction
에 따라 화물 전량을 인수한 후 발행한다.

 **꼭** 기억해두세요!

화주(수출상)는 한 부의 원본만 받으며, 신용장상 FULL SET 조항이 있더라도 은
행에 매입의뢰 시 한 부만 제출하면 된다.

러시아 출장을 다녀와서

블라디보스토크는 서울과 2시간 가량 시차가 발생한다. 한국보다 북쪽에 위치해서인지 오후 6시 반에 도착했는데도 불구하고 거리가 대낮처럼 밝았다. 일요일에는 블라디보스토크 시내를 둘러보았다. 사륜구동 차량용품점에 갔는데, 60평 가량 되는 가게에 타이어와 범퍼 등을 진열해놓고 팔고 있었다. 러시아의 신생기업들은 일요일에도 근무한다고 한다.

이곳 중고차 시장은 정확히 판단이 서지 않는다. 거리를 둘러보면 한국차가 많기는 하지만 물류비용을 어떻게 줄이고, 외상거래 요구를 어떻게 대응할 것인지 대책이 서지 않는다. 내륙이라는 지형적인 특성에 따라 한국산 중고차의 판매 가능성은 높지만 거래처를 확보하기가 쉽지 않을 듯하다.

블라디보스토크에는 중고차 전문 수입업체가 70~80개 정도 있는데 한국산 중고차를 취급하는 업체는 10% 미만에 불과했다. 왼쪽·오른쪽 핸들 차량에 대한 규제가 없어, 품질이 우수하고 소비자의 친숙도가 높은 일본차가 시장을 석권하고 있었다. 한국차는 12인승 이상의 승합차와 25인승 버스가 판매 호조를 보이고 있다. 이곳은 도로 상태가 좋지 못해 사륜구동 자동차에 대한 선호도가 높다고 한다.

블라디보스토크에 수입되는 차량은 대부분 내륙지방에 되팔린다고 한다. 내륙지방은 일본산 차량의 선호도가 그다지 높지 않다고 하니 한번 도전해볼 만하다.

무역분쟁은
원만하게 해결하라

The Foreign Trade

무역분쟁에 대해 알아보자
무역분쟁의 해결법을 파악하라
무역중재는 자주적인 분쟁해결법이다

　　모든 거래가 원만하게 끝나면 좋지만 그렇지 않고 다툼이 생길 경우에는 이 다툼을 어떻게 해결할 것인가에 대해 사전에 합의해야 한다. 당사자 간에 원만하게 해결하는 것이 최선이지만, 이것이 불가능한 경우에는 상사중재를 따르는 것이 좋다. 고정거래처, 즉 신뢰가 쌓인 거래처의 클레임은 선선히 수용하는 것이 다음 주문 획득에 도움이 되며, 처음 거래하는 상대와는 클레임 제기방법을 구체적으로 명확하게 합의할 필요가 있다.

이번 마당에서는 전 세계가 단일시장이 되고 국가 간의 거래가 활발해지면서 증가하고 있는 무역분쟁과, 바람직한 무역분쟁 해결법에 대해 알아보자.

무역분쟁에 대해 알아보자

국제무역은 본질적으로 언어·관습·법률·통화 등이 다른 나라의 계약자 간 거래이므로, 국내거래에 비해 계약 불이행이나 사기 등으로 인한 분쟁이 발생할 가능성이 높다. 이러한 무역분쟁은 클레임을 제기하는 과정으로 이어진다. 국제교역의 확대와 무역건수의 증가로 인해 클레임건수 역시 매년 증가일로에 있다.

■ ■ ■ 무역분쟁이란?

무역분쟁은 크게 두 가지로 나누어진다. 하나는 운송중인 화물이 각종 사고로 인해 멸실되거나 손상된 경우, 화주가 선박회사나 보험회사에 대해 손해배상을 청구하는 운송분쟁이나 보험분쟁이다. 다른 하나는 매매계약의 한 당사자가 계약을 위반함으로써 피해를 입은 당사자가 손해배상을 청구하는 무역분쟁이다. 손해배상을 청구하는 당사자를 '제기자claimant', 청구당하는 당사자를 '피제기자claimee' 라고 한다.

■■■■ 무역분쟁에는 어떤 것이 있나

무역분쟁은 제기자 · 원인 · 청구내용 등에 따라 여러 가지 종류로 나누어진다.

제기자에 따른 분류

무역분쟁은 제기자가 누구냐에 따라 수출업자가 제기하는 '매도분쟁seller's claim'과 수입업자의 '매수분쟁buyer's claim' 으로 구분된다. 수출업자가 수입업자에게 분쟁을 제기하는 경우는 신용장 개설 지연, 어음의 부도 등 대금 결제와 관계되는 것 외에는 거의 없다. 따라서 무역분쟁의 대부분은 수입업자가 수출업자에게 제기하는 매수분쟁이다.

원인에 따른 분류

무역분쟁의 원인에는 직접적인 것과 간접적인 것이 있다. 상담이나 계약체결 과정에서 무역계약의 모든 조건에 대해 충분한 합의가 이루어지지 한 경우, 어느 한 당사자가 계약조건을 제대로 지키지 못한 경우가 직접적인 분쟁원인으로 작용하고 있다. 그러나 의외로 무역분쟁은 언어·관습·법률·문화의 차이에서 야기되는 불명확한 의사소통, 불충분한 신용조사, 무역실무와 국제상관습에 대한 무지, 시장 상황의 변동, 불가항력 등 간접적인 원인에서 일어나는 경우도 많다.

무역분쟁의 직접적인 원인을 중심으로 분쟁의 종류를 살펴보면 다음과 같다.

| 물품에 관한 분쟁 | 무역분쟁 중 가장 많이 일어난다. 품질이 나쁘거나 규격과 다를 경우, 색깔이 변하거나 다를 경우, 내용이 다를 경우, 운송 도중의 멸실이나 손상 등 구체적 원인도 다양하다. 가장 빈번히 일어나는 무역분쟁인 만큼 해결하기도 까다롭다.

| 수량과부족 |　계약한 물품의 수량과 실제로 도착한 수량과의 차이로 야기되는데 분쟁건수도 상당수에 달한다. 소금이나 모래처럼 수출입자의 잘못이 아닌 데도 수송중에 양이 줄어들거나 늘어나는 것도 있다. 그러므로 선적서류에 나타나는 물품의 수량이나 중량의 표시는 정확해야 한다.

| 포장에 관한 분쟁 |　실수로 포장을 잘못 하거나, 포장이 약해 물품이 없어진 경우, 하인을 하지 않았거나, 다르게 하거나, 지워진 경우에 포장에 관한 무역분쟁이 발생한다. 장거리운송이 필연적인 국제무역에서는 운송 도중에 발생하는 위험을 감안하여 물품을 포장해야 한다.

| 운송에 관한 분쟁 |　물품의 운송 도중에 발생하는 멸실이나 손상에 대한 분쟁도 의외로 빈번하게 발생한다. 항해중에 일어날 수 있는 위험은 누손 · 증발 · 혼합 · 기름 · 빗물 및 담수 · 땀과 열 · 곰팡이 · 투하 · 굴곡 등 실로 다양하기 그지없다. 이러한 모든 위험을 수출업자나 선박회사가 부담한다는 것은 사실상 불가능하다. 따라서 이러한 위험에 대해서는 대개 해상보험에 가입하여 대비하고 있다.

| 선적에 관한 분쟁 |　선적과 관련된 무역분쟁은 선적이 지연되거나 하지 않은 경우에 발생한다. 이러한 선적지연이나 선적불이

쉽게 알자! 무역실무

행이 수출업자의 사정으로 인한 것일 경우에는 당연히 적절한 손해배상을 해야 하지만, 수출업자가 책임질 수 없는 불가항력에 의해 발생하면 대개 계약서 상의 불가항력조항에 따라 책임을 지지 않거나, 서로 협의하여 수출업자가 일부 보상하는 수준에서 해결한다.

| 보험에 관한 분쟁 |　수출업자가 체결한 보험계약이 계약에서 합의된 보험조건과 일치하지 않아 보험회사로부터 보상을 받을 수 없는 경우에 일어나는 분쟁이다. 예를 들어, ICC (A) 조건으로 해야 할 것을 ICC (B) 또는 ICC (C) 조건으로 가입했다든지, 전쟁위험이나 동맹파업을 담보하기 위한 약관을 첨부하지 않은 경우이다. 약간의 보험료를 아끼기 위해 꾀를 부리다가는 낭패를 당하기 쉽다.

| 결제에 관한 분쟁 |　주로 수출업자가 제기하는 분쟁으로 물품대금을 지급하지 않거나, 신용장을 늦게 혹은 아예 개설하지 않은 경우, 계약조건과 다른 신용장을 개설하는 경우에 발생한다. 특히 신용장은 서류에 의한 거래이므로 계약에 따라 물품을 공급하더라도, 이와 별도로 선적서류 상에 조그마한 하자가 발견되어도 수입업자가 신용장 대금을 늦게 지급하거나 아예 지급하지 않을 수 있으므로 주의해야 한다.

| 마켓 클레임 | 　마켓 클레임market claim이란 계약 체결 후 물품의 시세하락으로 매수인이 손실을 입게 되는 경우 수출업자의 사소한 실수 등 여러 가지 이유를 들어 가격인하를 요구하거나 계약 물품의 인수를 거부하는 행위이다. 특히 국제무역을 하다 보면 'Claim Merchant'라고 하여 교묘한 방법으로 매도인으로 하여금 정상적인 계약이행에 차질을 빚게 한 후, 계획적이고 고의적으로 분쟁을 제기하는 악질 수입업자들이 많다. 따라서 수출업자는 수입업자에 대한 철저한 신용조사와 함께 철저히 계약을 이행하여 마켓 클레임에 대비해야 한다.

청구내용에 따른 분류

| 금전적 분쟁 | 　금전적 분쟁pecuniary claim이란 대금지급 거절, 손해배상금의 청구, 대금감액 요구 등 분쟁을 돈으로 해결하고자 하는 경우이다. 특히 국제무역에서는 손해배상이 단순히 물품대금만 물어주는 데 그치지 않고, 해당 수입품이 정상적으로 수입되어 판매되었을 경우 얻을 수 있었던 예상이익의 상실에 따른 기회비용과 함께 신용장개설비용, 통신료, 운임, 보험료, 분쟁제기비용 등 모든 지출비용과 그에 대한 이자까지도 배상해야 하는 경우도 있다.

| 비금전적 분쟁 | 　비금전적 분쟁non-pecuniary claim에는 계약의 해약, 물품의 인수거절, 대체물품의 청구 등이 있다. 비금전적

분쟁만으로 만족할 수 없는 경우 금전적 분쟁이 병행될 수도 있다.

■■■ 무역분쟁의 제기

　상대방의 계약 위반으로 손해를 입은 무역업자는 무슨 이유로 분쟁을 제기하는 것인지 구체적인 분쟁제기 의사를 상대방에게 알려야 한다. 물품의 종류, 분쟁의 원인, 거래의 형태 및 상관습에 따라 통지해야 할 기간의 차이가 있을 수 있으나, 분쟁을 제기하려면 분쟁제기 의사표시는 빠를수록 좋다.

　실제로 나라마다 이러한 통지기간의 법적 효력은 통일되어 있지도 않고 명확하지도 않다. 따라서 일반적으로 무역계약서에는 분쟁의 통지기간을 나타내는데, 대개는 물품이 목적지에 도착한 후 3∼10일 이내에 서면으로 분쟁제기 의사표시를 통보하도록 규정하고 있다.

　분쟁을 제기하려면 또 다른 분쟁을 피하기 위해서 도착한 물품을 다른 지역으로 옮기기 전에 부두의 보세창고에서 공인검정기관에 검정을 의뢰하는 것이 현명하다. 분쟁제기에 필요한 서류로는 분쟁진술서, 손실명세서, 검사감정보고서, 청구서 및 기타 증빙서류 등이 있다. 고정적인 거래 관계이면 수입업자의 분쟁 제기만으로도 수출업자가 잘못을 인정하기도 한다.

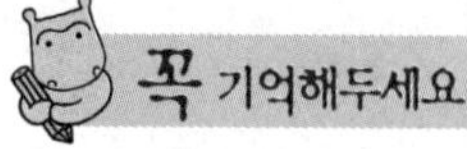

무역분쟁에는 사고로 인해 화물이 멸실되거나 손상되어 화주가 손해배상을 청구하는 운송분쟁과 보험분쟁이 있고, 계약 당사자 중 한쪽이 계약 위반을 한 것에 대해 손해배상을 청구하는 무역분쟁이 있다.

쉽게 알자! 무역실무

무역분쟁의 해결법을 파악하라

분쟁을 해결하고자 하는 경우 가장 먼저 떠올리는 것은 소송이다. 그러나 최근에는 복잡한 재판절차와 이에 따른 시간과 경비 등의 문제로 인해 조정이나 알선, 중재 등 소송 이외의 대안적 분쟁해결수단(alternative dispute resolution ; ADR)에 의해 분쟁을 해결하는 사례가 늘어나고 있다.

무역분쟁의 해결법은 당사자 간의 해결과 제3자를 통한 해결로 구분할 수 있다.

단순경고

단순경고warning는 분쟁 액수가 적을 때 지속적인 거래관계를 위해서 같은 실수를 되풀이하지 않도록 하는 선에서 단순히 주의를 주는 정도로 분쟁청구권을 포기하는 경우이다.

타협

타협compromise은 일단 분쟁이 제기된 후에도 적당한 수준의 금전적인 보상이나 대체물품의 송부 등 당사자 간에 가장 합리적인 방법으로 합의안 만들어 제3자의 개입 없이 분쟁을 우호적으로 해결하는 것이다.

■■■ 제3자를 통한 해결

조정 또는 알선

조정 또는 알선은 당사자에 대한 법적 구속력을 갖는 중재나 소송 등 최종적인 분쟁해결에 앞서 상공회의소, 상사중재원, 대사관, 영사관 등 공정한 입장에 있는 제3자의 의견에 따라 분쟁을 해결하는 것이다. 특히 조정은 분쟁 당사자가 제3자의 조정안을 수락할 의무는 없으나, 일단 수락하면 조정안도 구속력을 갖게 된다.

중재

중재arbitration란 당사자가 공정한 제3자를 중재인으로 선정하여 그의 판정에 복종함으로써 최종적으로 분쟁을 해결하는, 분쟁해결방법이다. 국제무역에서 제3자를 통한 가장 대표적인 분쟁해결법이다.

소송

소송litigation이란 국가기관인 법원의 판결에 따라 분쟁을 강제적으로 해결하는 그야말로 최후의 분쟁해결방법이다. 당사자 간에 중재에 대한 합의가 있는 경우에는 직접 소송을 제기할 수 없으나, 중재판정취소소송 등으로 중재판정의 효력이 소멸된 경우에는 소송을 제기할 수 있다. 그러나 소송에 소요되는 시간과 비용은 따지지 않더라도 일국의 법원에서 내려진 판결을 재판관할

권이 다른 나라에서 강제집행하는 데는 많은 어려움이 있다. 실질적인 효력을 보장받기 위해서 상대방 나라의 법원에 제소해야 한다는 문제점도 있다.

꼭 기억해두세요!

무역분쟁의 해결법은 단순경고 · 타협 등의 당사자 간의 해결과 조정이나 알선 · 중재, 소송 등의 제3자를 통한 해결로 구분할 수 있다.

쉽게 알자! 무역실무

무역중재는 자주적인 분쟁해결법이다

무역분쟁의 발생 시 상대 국가의 법률에 따라 재판하는 것은 대기업이 아닌 이상 현실적으로 의미가 없다. 그 대안으로 중재를 많이 이용하고 있다. 중재란 일정한 법률관계의 분쟁을 당사자 간의 합의로 법원의 판결에 의하지 않고 제3자의 입장에 있는 중재인의 판정에 의해 최종적으로 해결하는 방법이다. 이러한 중재판정은 법원의 확정판결과 동일한 효력을 인정받게 된다.

중재를 원활히 진행하기 위해서는 당사자의 계약에 따라 중재지,

중재의 요건은 다음과 같다.
- 당사자의 계약에 따라 성립한다.
- 재판을 받을 수 있는 권리를 포기해야 한다.
- 제3자의 판정은 최종적인 것이고 당사자는 그 판정에 복종해야 한다.

중재기관, 중재법규 등 이른바 중재의 3요소를 합의해야 한다.

■ ■ ■ 중재의 장점과 단점

중재의 장점

| 신속하고 경제적인 분쟁 해결 |　2심·3심에 항고·상소가 가능한 소송과 달리 중재는 단심제로 운영된다. 따라서 중재에 의할

경우 매우 짧은 기간에 분쟁을 신속하게 해결할 수 있다. 중재의 당사자들은 긴급성에 따라 중재계약으로 판정기간을 명시하여 단축시킬 수 있으며, 그렇지 아니한 경우에는 3개월 이내에 중재판정이 내려지도록 중재법에서 규정하고 있다.

| 전문성 | 현재 대한상사중재원의 중재인단은 실업계, 각종 업계별 단체, 법조계, 학계, 공공단체 및 기타 조사기구의 대표자, 공인회계사, 주한외국인상사의 대표자 중에서 엄선된 다수의 인사들로 구성되어 있다. 따라서 법조문에만 매달려 경직된 분위기로 분쟁을 해결하는 소송과는 달리 중재는 중재인들의 전문성을 최대한 살려 분쟁을 해결할 수 있다.

대한상사중재원(www.kcab.or.kr)은 국내 상거래, 국제무역, 투자, 건설, 건축, 해운, 대리점 등을 중재 대상으로 하며, 평균 5개월 이내에 해결하고 비용도 법정 소송보다 저렴하다.

| 비밀유지 | 법원의 소송절차는 공개주의원칙에 따라 진행되므로 재판과정에서 회사의 중요한 영업비밀이 외부로 누설될 우려가 있다. 이에 비해 중재는 비공개리에 진행되므로 설사 불리한 판정을 받게 되는 경우에도 영업비밀이나 회사의 명성을 그대로 유지할 수 있다.

| 국제적 효력 | 특정국의 법원에서 내려진 판결은 재판관할권

이 다른 나라에서 강제집행하는 데 많은 어려움이 있다. 그러나 중재판정의 경우에는 우리나라를 포함한 세계 주요 무역국들이 모두 회원국으로 가입되어 있는 뉴욕협약, 즉 외국중재판정의 승인 및 집행에 관한 협약Convention on the Recognition and Enforcement of Foreign Arbitral Awards에 따라 모든 가입국에서 강제집행이 가능하므로 국제적 효력이 실질적으로 보장되고 있다.

중재의 단점

3심제를 채용하고 있는 소송과 달리 단심제로 운영되는 중재는 상소 수단이 없다는 것이 오히려 불안요인이 된다. 법관은 법과 선례에 의해 법적인 안정성이 확보되는 데 비해, 중재인은 판정기준이 애매하여 종종 주관이 개입될 위험이 있다. 중재인은 당사자의 의사와는 별개의 독립된 지위에서 판정을 해야 함에도 불구하고 자신을 선임한 당사자의 이익을 보호하려는 경향이 있다. 또한 강제처분권이 없고 판정기간이 짧은 관계로 양 당사자의 주장을 형식적으로 절충하여 판정을 내리는 한계가 있다.

▨ ▪ ▪ 중재판정의 효력

중재판정은 분쟁의 해결과정에서 중재인이 내리는 최종적인 결정이므로 중재 계약에 의한 당사자들을 구속한다. 그러나 중재인

은 중재계약의 범위 내에서만 판정을 해야 하므로 그 범위를 벗어
난 판정은 효력이 인정되지 않는다. 또한 중재인은 판정에서 책임
있는 당사자에게 중재에 필요한 비용의 부담을 명해야 한다.

중재판정은 중재자들의 결정이 어느 한쪽으로 일치되지 않으면
효력이 없다. 또한 법원의 확정판결과 동일한 효력을 인정받지만
강제집행을 위해서는 그 절차의 기본이 되는 채무명의를 얻어야
하며, 이를 위해 따로 법원의 집행판결을 받아야 한다.

■ ■ ■ 중재지와 중재기관의 결정

중재를 할 경우에는 어디에서 어는 중재기관에 맡길 것인가가
중요한데, 대부분 서로 자기 나라의 상사중재원을 주장한다. 이런
경우에는 쌍방 간의 거래 관계에서 누가 우세하느냐에 따라 우세
한 쪽의 주장에 따라 합의가 이루어진다. 서로 대등한 관계일 경우
에는 제3의 국가나, 클레임을 당한 쪽의 국가에서 하는 것이 좋다.

중재는 제3자의 입장에 있는 중재인의 판정에 의해 분쟁을 해결하는 것으로, 중
재판정은 법원의 확정판결과 동일한 효력을 인정받는다.
중재는 신속하고 경제적으로 분쟁을 해결하며, 중재인의 전문성을 살리고, 회사
의 영업비밀이나 명성을 유지하며, 국제적 효력이 보장된다.

선배들의 조언에 귀 기울여라

학창시절 책에서 읽은 구절 중 "진리는 단순명쾌하고 보편타당하다."라는 말은 아직도 기억에 남아 있다. 더구나 장사를 하면서 이 말의 의미를 새삼 실감하게 된다. 선배들의 아주 당연한 잔소리의 의미를 깨닫는 것은 언제나 그 말을 무시하고 낭패를 본 후이다. 그럴 때마다 자신을 꾸짖는다. 왜 당연한 흐름을 제대로 보지 않았던 것일까. 원인을 분석해보면 교만과 태만에 빠져 고집을 부리거나 요행을 바란 때문이다.

세상에 공짜는 없으며, 돈 벌기 힘들다는 선배들의 말은 언제나 옳다. 나이를 한두 살 더 먹어갈수록 그 말은 더욱 와닿는다. 예를 들어, 할인할 것을 감안하여 일반 거래가격보다 높게 책정한 가격을 바이어가 쉽게 받아들인다면, 바이어에게 다른 의도가 있거나 결국에는 거래가 성사되지 않는다.

성공에는 특별한 비법이 없는 것 같다. 성공한 선배 사업가들이 공통적으로 말하는 진리를 믿고 따라하다 보면, 당장 벼락부자가 되지는 못하더라도 미래의 성공 기반을 내실 있게 다질 수는 있을 것이다. 사람들은 성실, 근면, 정직, 절약 등 교과서적이고 따분한 말들이 돈 버는 진리라는 사실을 숱한 시행착오를 겪은 후에나 깨닫는 습성이 있다.

자신이 특별하다고 고집 부리거나, 요행을 바라지 말고 선배들의 조언에 귀를 기울여라.

찾아보기

쉽게 알자! 무역실무

알파벳

쉽게 알자! 무역실무